Betriebliche Altersvorsorge

Robert Schwarz

Betriebliche Altersvorsorge

Leitfaden für die Praxis

4., überarbeitete und aktualisierte Auflage

 Springer Gabler

Robert Schwarz
Berlin, Deutschland

ISBN 978-3-658-30972-5   ISBN 978-3-658-30973-2 (eBook)
https://doi.org/10.1007/978-3-658-30973-2

Die Deutsche Nationalbibliothek verzeichnet diese Publikation in der Deutschen Nationalbiblio-
grafie; detaillierte bibliografische Daten sind im Internet über http://dnb.d-nb.de abrufbar.

Springer Gabler
© Springer Fachmedien Wiesbaden GmbH, ein Teil von Springer Nature 2013, 2017, 2019, 2020
Die 1. bis 3. Auflage sind unter dem Titel „Praxisleitfaden betriebliche Altersvorsorge" erschienen.
Springer Gabler ist ein Imprint der eingetragenen Gesellschaft Springer Fachmedien Wiesbaden
GmbH und ist ein Teil von Springer Nature.
Die Anschrift der Gesellschaft ist: Abraham-Lincoln-Str. 46, 65189 Wiesbaden, Germany

I. Vorwort

„Die Rente ist sicher." Dieser Satz von Norbert Blüm klingt wohl jedem, der sich mit dem Thema Rente beschäftigt hat, noch in den Ohren. Ob sie es damals tatsächlich war, kann an dieser Stelle wohl offen bleiben.

Heute zumindest scheint sicher, dass die gesetzliche Rente nicht reichen wird, um auch im Alter den gewohnten Lebensstandard halten zu können. Die Absenkung des Rentenniveaus und stetig steigende Lebenshaltungskosten, bei Mieten und Energiekosten sogar deutlich über die Inflationsrate hinaus, machen eine zusätzliche private Vorsorge unabdingbar.

Rechnet man vorsichtig, haben heutige Nettoeinkommen inflationsbedingt in 30 Jahren nur noch die Hälfte ihrer Kaufkraft. Dies bedeutet, ein heute 35-Jähriger muss zu Rentenbeginn in etwa das Zweifache seines aktuellen Nettoeinkommens zur Verfügung haben, um ohne Einbußen weiter leben zu können. Die gesetzliche Rente wird davon vermutlich die Hälfte abdecken können. Der Rest muss privat finanziert werden. Wer also im Alter leben will, anstatt nur zu überleben und seinen Lebensabend genießen möchte, ist gut beraten, die Freiwilligkeit der zusätzlichen Versorgung nicht über zu bewerten und diese als Pflicht zu verstehen.

Eine der zahlreichen Möglichkeiten privat vorzusorgen ist die betriebliche Altersvorsorge. Sie ist eine der ältesten Formen privater Altersvorsorge in Deutschland und gehört heute zur geförderten Zusatzversorgung der zweiten Schicht im so genannten Drei-Schichten-Modell (siehe Tab. 1). Durch die Finanzierung aus dem Bruttoeinkommen und die damit verbundene steuerliche und sozialversicherungsrechtliche Förderung stellt sie eine der attraktivsten Formen für die private Altersvorsorge überhaupt dar. Wegen der Vielzahl gültiger Rechtsnormen und die sich ständig ändernde Rechtsprechung, ist sie allerdings in der Praxis auch recht komplex.

Tab. 1 Drei-Schichten-Modell

Erste Schicht (Basisversorgung)	Gesetzliche Rentenversicherung, Landwirtschaftliche Alterskassen, Berufsständische Versorgungswerke, Basisrente (Rürup-Rente)
Zweite Schicht (Zusatzversorgung)	Riester-Rente, Betriebliche Altersvorsorge
Dritte Schicht (Kapitalanlageprodukte)	Private Renten-/Lebensversicherungen, Sparpläne, etc.

Der Rechtsanspruch auf Entgeltumwandlung ermöglicht jedem Arbeitnehmer unabhängig davon wo oder bei wem er beschäftigt ist, diese Form der Altersvorsorge für sich zu nutzen. Im Umkehrschluss bedeutet dies für Arbeitgeber aber, dass sie, um dem Rechtsanspruch gerecht zu werden, eine entsprechende Versorgungsordnung in ihrem Unternehmen bereithalten müssen. Und sei es nur in der kleinsten denkbaren Form – durch die Beauftragung eines Vermittlers mit der Beratung und dem Abschluss von Direktversicherungen für seine Belegschaft. Aber selbst hier lauert die ein oder andere rechtliche Falle, in die ein Unternehmen tappen kann, wenn die einzelnen Schritte nicht sorgfältig geplant und durchdacht wurden.

Das vorliegende Handbuch beschäftigt sich mit den praxisrelevanten Bereichen der betrieblichen Altersvorsorge und richtet sich an Praktiker, die in ihrer täglichen Arbeit mit dem Thema befasst sind – Vermittler, Steuerberater, Personalverantwortliche und Geschäftsführer kleinerer Unternehmen. Es soll gleichermaßen als Einführung in die komplexe Materie und als Nachschlagewerk beim täglichen Umgang mit den Regelungen dienen.

Dabei wurde bewusst auf eine bis ins Detail reichende, umfassende Darstellung verzichtet. Nur die für die Praxis wichtigsten Regelungsbereiche von Betriebsrentengesetz, Arbeits-, Steuer-, und Sozialrecht werden übersichtlich und verständlich dargestellt. Dabei wurde der aktuelle Rechtsstand 2020 berücksichtigt.

Am Schluss wird exemplarisch der Aufbau einer Versorgungsordnung mit den jeweils zu treffenden Entscheidungen beschrieben und ermöglicht so auch Nicht-Spezialisten eine relativ einfache und rechtssichere Handhabung des Themas.

Wegen der besseren Lesbarkeit wurde auf die Verwendung der jeweils männlichen und weiblichen Form verzichtet. Soweit zutreffend sind aber stets beide Geschlechter gemeint.

Berlin, Deutschland   Robert Schwarz
im Juni 2020

Inhaltsverzeichnis

Abkürzungsverzeichnis

Abs.	Absatz
AG	Aktiengesellschaft
AGG	Allgemeines Gleichbehandlungsgesetz
a. F.	alte Fassung
ArbG	Arbeitsgericht
Az	Aktenzeichen
BaFin	Bundesanstalt für Finanzdienstleistungsaufsicht
bAV	betriebliche Altersvorsorge
BBG	Beitragsbemessungsgrenze
BetrAVG	Betriebsrentengesetz
BetrVG	Betriebsverfassungsgesetz
BFH	Bundesfinanzhof
BGH	Bundesgerichtshof
BGB	Bürgerliches Gesetzbuch
BMF	Bundesministerium der Finanzen
Buchst.	Buchstabe
BurlG	Bundesurlaubsgesetz
d. h.	das heißt
Doppelbuchst.	Doppelbuchstabe
EntgeltfortzahlungsG	Entgeltfortzahlungsgesetz
EStDV	Einkommensteuerdurchführungsverordnung
EStG	Einkommensteuergesetz
EStR	Einkommensteuerrichtlinien
e. V.	eingetragener Verein
ggf.	gegebenenfalls

GKV	Gesetzliche Krankenversicherung
GmbH	Gesellschaft mit beschränkter Haftung
GmbHG	GmbH-Gesetz
GRV	Gesetzliche Rentenversicherung
HGB	Handelsgesetzbuch
i. S. d.	im Sinne des
i. V. m.	in Verbindung mit
KStR	Körperschaftsteuerrichtlinien
KVdR	Krankenversicherung der Rentner
LAG	Landesarbeitsgericht
LStDV	Lohnsteuerdurchführungsverordnung
LStR	Lohnsteuerrichtlinien
n. F.	neue Fassung
Nr.	Nummer
p. a.	pro Jahr
OHG	Offene Handelsgesellschaft
PSV a. G.	Pensionssicherungsverein auf Gegenseitigkeit
R	Richtlinie
SGB	Sozialgesetzbuch
TzBefG	Teilzeit- und Befristungsgesetz
UG	Unternehmergesellschaft
vgl.	vergleiche
VV a. G.	Versicherungsverein auf Gegenseitigkeit
z. B.	zum Beispiel
zzgl.	zuzüglich

Rechtsgrundlagen 1

1.1 Definition

Unter betrieblicher Altersvorsorge (bAV) versteht man Leistungen der Alters-, Invaliditäts- oder Hinterbliebenenversorgung, die einem Arbeitnehmer **von** seinem Arbeitgeber aus Anlass seines Arbeitsverhältnisses zugesagt werden (§ 1 Abs. 1 BetrAVG).

Die Zusage wird vertraglich zwischen den Parteien vereinbart, entweder im Arbeitsvertrag selbst oder durch eine entsprechende Vertragsergänzung. Eine einmal erteilte Zusage kann damit nicht ohne weiteres widerrufen oder reduziert werden. Der Arbeitgeber ist grundsätzlich an sein Versorgungsversprechen gebunden und spätere Änderungen zu Ungunsten des Arbeitnehmers sind nicht ohne weiteres möglich. Dies gilt unabhängig davon, ob es sich um eine arbeitgeber- oder eine arbeitnehmerfinanzierte Zusage handelt.

Arbeitgeberfinanziert

Von arbeitgeberfinanziert spricht man, wenn die Versorgung zusätzlich zum bereits vereinbarten Entgelt geleistet wird (Arbeitgeberbeitrag) und der Arbeitgeber die Beiträge wirtschaftlich allein trägt.

Arbeitnehmerfinanziert

Von arbeitnehmerfinanziert spricht man, wenn der Arbeitnehmer auf einen Teil seines Gehaltes verzichtet (Arbeitnehmerbeitrag) und hieraus eine Versorgungszusage finanziert wird. Bei der so genannten Entgeltumwandlung trägt der Arbeitnehmer die Beiträge wirtschaftlich allein.

© Springer Fachmedien Wiesbaden GmbH, ein Teil von Springer Nature 2020
R. Schwarz, *Betriebliche Altersvorsorge*,
https://doi.org/10.1007/978-3-658-30973-2_1

Mischfinanzierung

In der Praxis ist häufig eine Mischform aus beiden Finanzierungsformen anzutreffen. Dabei gibt der Arbeitgeber beispielsweise seine Sozialversicherungsersparnis an den Arbeitnehmer weiter und gewährt in dieser Höhe einen zusätzlichen Beitrag, wenn dieser sich zu einer Entgeltumwandlung entschließt. Der Arbeitgeberzuschuss ist in den meisten Fällen ab 2019 bzw. 2022 obligatorisch, soweit auf Arbeitgeberseite Beiträge zur Sozialversicherung eingespart werden (siehe Abschn. 1.3.8). Liegt eine solche Mischfinanzierung vor, ist die Rechtslage für die einzelnen Teile jeweils getrennt zu beurteilen. In der Folge kann es dazu kommen, dass für ein und denselben Vertrag unterschiedliches Recht anzuwenden ist.

1.1.1 Leistungsbegriff

Der Begriff der Leistung wird im Betriebsrentengesetz nicht näher bestimmt. Somit ist zunächst unerheblich um welche Art Leistung es sich handelt. Neben Geldleistungen in Form einer einmaligen Kapitalzahlung oder in Form laufender (lebenslanger) Rentenzahlungen sind auch Zusagen von Sachleistungen im Rahmen der betrieblichen Altersvorsorge denkbar. Wird dem Arbeitnehmer beispielsweise für die Zeit nach dem Ausscheiden aus dem Dienstverhältnis ein unentgeltliches Wohnrecht in einer Dienstwohnung zugesagt, so handelt es sich um eine Leistung im Sinne des § 1 Abs. 1 BetrAVG (siehe zum Beispiel: BAG vom 16.03.2010 – 3 AZR 594/09; In dem dort verhandelten Fall ging es um so genannte Hausbrandleistungen, die als betriebliche Altersvorsorge zugesagt wurden).

Für steuerliche Zwecke ist aber eine Beschränkung auf bestimmte Leistungen zwingend notwendig und daher in der Praxis üblich. Am häufigsten zu finden sind regelmäßige Rentenzahlungen mit einem (teilweisen) Kapitalwahlrecht.

- Einmalige Kapitalleistungen.
- Laufende Rentenleistungen (mit/ohne Kapitalwahlrecht).
- Sachleistungen.

1.1.2 Versorgungsbegriff

Eine betriebliche Altersvorsorge liegt nach dem Wortlaut des Gesetzes nur dann vor, wenn Leistungen der Alters-, Invaliditäts- oder Hinterbliebenenversorgung zugesagt wurden. Voraussetzung ist somit die unmittelbare Zweckbindung der Leistungen. Dabei erstreckt sich die Zweckbindung sowohl auf den Anlass der Zahlung (unter welchen Bedingungen die Leistung beansprucht werden kann), als auch auf die Leistung selbst (was geleistet wird). Im letzten Schritt kommt es auf den begünstigten Personenkreis an (wer die Leistung beanspruchen kann).

Anlass der Versorgung

Die betriebliche Altersvorsorge deckt nach ihrer Definition bestimmte biometrische Risiken ab (Alter, Invalidität, Tod), welche abschließend im § 1 BetrAVG aufgezählt sind. Andere als die dort bezeichneten Risiken, wie etwa das Krankheitsrisiko, kommen nicht in Betracht (BAG vom 12.12.2006 – 3 AZR 475/05). In Anlehnung an die Regelungen der gesetzlichen Rentenversicherung sind damit folgende Anlässe zulässig:

- Ausscheiden aus dem Erwerbsleben wegen Alters.
- Vorzeitiges, teilweises oder vollständiges Ausscheiden aus dem Erwerbsleben wegen Invalidität.
- Tod des Arbeitnehmers.

Der Bezug der Betriebsrente ist im Normalfall mit Erreichen der Regelaltersgrenze in der gesetzlichen Rentenversicherung vorgesehen (Ausscheiden aus dem Erwerbsleben wegen Alters). Ausnahmsweise kann ein früherer Zeitpunkt in Frage kommen, wenn der betreffende Arbeitnehmer dauerhaft eine Vollrente aus der gesetzlichen Rentenversicherung bezieht (§ 6 BetrAVG). Der Bezug einer Betriebsrente ist insoweit an die Altersrente der gesetzlichen Rentenversicherung geknüpft.

Zweckbindung

Unabhängig davon, um welche Art Leistung (Sach- oder Geldleistung) es sich handelt, muss sie nach dem Sinn des Gesetzes einem Versorgungszweck dienen. Darunter sind alle Leistungen zu verstehen, die den Lebensstandard des Arbeitnehmers selbst oder seiner Hinterbliebenen im Versorgungsfall verbessern sollen. Dabei kommt es nicht darauf an, wie die Leistung ausgestaltet oder benannt ist (BAG vom 28.10.2008 – 3 AZR 317/07). Bei Renten- oder Kapitalleistungen ist dieses Kriterium in der Regel gegeben und somit in der Praxis unproblematisch.

Hinterbliebenenbegriff

Der begünstigte Personenkreis (wer die Leistung beanspruchen kann) wird durch das Betriebsrentengesetz ebenfalls nicht konkretisiert. Eine uneingeschränkte Vererbbarkeit an jeden beliebigen Hinterbliebenen ist damit zunächst möglich.

Dies hat für Neuzusagen ab dem 01.01.2002 jedoch kaum eine Bedeutung. Für die steuerliche Förderfähigkeit nach § 3 Nr. 63 EStG ist zwingende Voraussetzung, dass der begünstigte Personenkreis auf den Arbeitnehmer selbst (Erlebensfall) und seine steuerlich anerkannten Hinterbliebenen (Todesfall) beschränkt ist. Der Versorgungszweck des Gesetzes gilt demnach nur dann als erfüllt, wenn nur der Versorgungsberechtigte selbst oder seine steuerlich anerkannten Hinterbliebenen die zugesagten Leistungen beanspruchen können. Dies gilt für alle Leistungen mit Ausnahme eines angemessenen Sterbegeldes. Eine uneingeschränkte Vererbbarkeit der Ansprüche aus einer betrieblichen Altersvorsorge ist somit praktisch ausgeschlossen. Steuerlich anerkannt sind:

- In gültiger Ehe lebende Ehegatten.
- Unterhaltsberechtigte Kinder, also im wesentlichen Kinder bis zur Vollendung des 18. Lebensjahres, bzw. bis zur Vollendung des 27. Lebensjahres soweit sie sich in Ausbildung befinden (§ 32 Abs. 3 und 4 EStG).
- Pflege- oder Stiefkinder unter bestimmten Voraussetzungen.
- Frühere Ehegatten.
- Lebensgefährten nach dem Lebenspartnerschaftsgesetz (eingetragene Lebenspartner).
- Nicht eingetragene Lebenspartner.

Bei ledigen und kinderlosen Arbeitnehmern besteht demnach nur die Möglichkeit die Versorgung an einen nicht eingetragenen Lebenspartner zu vererben. Nach der Auffassung des Bundesfinanzministeriums (BMF-Schreiben vom 31.03.2010) werden nicht eingetragene Lebenspartner generell steuerlich anerkannt. Voraussetzung ist, dass der Bezugsberechtigte in der erteilten Zusage namentlich genannt wird und eine schriftliche Bestätigung der gemeinsamen Haushaltsführung beider Partner vorliegt.

Analog ist die Vorgehensweise bei Kindern, die nicht die Voraussetzungen des § 32 EStG erfüllen, aber auf Dauer im Haushalt des Verfügungsberechtigten aufgenommen wurden (Stief- oder Pflegekinder). Hier muss neben der namentlichen Nennung eine schriftliche Bestätigung des Kindschaftsverhältnisses vorliegen.

Für Altzusagen die nach § 40b EStG steuerlich begünstigt sind, gibt es eine solche Einschränkung nicht, hier ist jede beliebige Person zulässig.

1.1.3 Arbeitsverhältnis und Arbeitnehmerbegriff

Nach § 1 BetrAVG handelt es sich bei der betrieblichen Altersvorsorge um Leistungen eines Arbeitgebers an seine Arbeitnehmer aus Anlass des Arbeitsverhältnisses. Der Begriff des Arbeitnehmers wird durch § 17 Abs. 1 BetrAVG näher bestimmt und ist vom Gesetzgeber sehr weit gefasst geworden.

Arbeitnehmer sind Arbeiter und Angestellte, sowie die zu ihrer Berufsausbildung Beschäftigten. Darüber hinaus werden Personen, die nicht Arbeitnehmer sind diesen gleichgestellt, wenn die Zusage auf eine betriebliche Altersvorsorge aufgrund ihrer Tätigkeit für das Unternehmen erfolgt. Damit sind auch so genannte Scheinselbständige, also Selbständige, die im Wesentlichen nur für ein Unternehmen tätig sind, ausdrücklich eingeschlossen.

- Arbeitnehmer des Unternehmens (auch teilzeit- und geringfügig Beschäftigte.)
- Auszubildende.
- Selbständige, die überwiegend (mehr als 50 %) für das Unternehmen tätig sind.
- Gesellschafter-Geschäftsführer, soweit ein steuerlich anerkanntes Arbeitsverhältnis besteht (siehe Kap. 5).

Der Begriff des Arbeitsverhältnisses hingegen wird durch das Gesetz nicht näher bestimmt. Konkrete Anforderungen an die Vertragsgestaltung ergeben sich daher nicht. Im Gegenteil, aus der Einbeziehung von bestimmten Selbständigen lässt sich der Schluss ziehen, dass es dem Gesetzgeber gerade nicht darauf ankommt nur bestimmte Vertragsbeziehungen zu zulassen.

Etwas anders stellt sich die Situation jedoch für steuerliche Zwecke dar. Hier ist die konkrete Vertragsgestaltung im Einzelfall und die Frage wer als Arbeitnehmer anzusehen ist durchaus relevant. Der Gesetzgeber knüpft je nach Förderweg (siehe Kap. 3) die Erfüllung bestimmter Bedingungen an die steuerliche Begünstigung der Beiträge.

Insbesondere wenn zwischen Arbeitgeber und Arbeitnehmer neben dem Arbeitsverhältnis noch andere Beziehungen bestehen (Arbeitsverträge mit Familienangehörigen), oder sie sogar in einer Person vereint sind, (Gesellschafter-Geschäftsführer einer GmbH) ist die konkrete Vertragsgestaltung im Einzelfall von Bedeutung (siehe Kap. 5).

1.2 Anspruch auf Entgeltumwandlung

1.2.1 Grundsatz

Seit dem 01.01.2002 haben Arbeitnehmer einen gesetzlich geregelten Anspruch auf Entgeltumwandlung gegenüber ihrem Arbeitgeber (§ 1a Abs. 1 BetrAVG). Dieser Anspruch ist nach oben hin auf 4 % der Beitragsbemessungsgrenze in der gesetzlichen Rentenversicherung West (BBG GRV West) und nach unten (Mindestbeitrag) auf 1/160 der Bezugsgröße nach § 18 Abs. 1 SGB IV begrenzt. Ein Anspruch auf Umwandlung eines höheren oder niedrigeren Betrages besteht nicht. Will ein Arbeitnehmer darüber hinaus weitere nach § 3 Nr. 63 EStG steuerlich begünstigte Beiträge umwandeln, ist er insoweit auf das Wohlwollen des Arbeitgebers angewiesen (zu den Einzelheiten siehe Kap. 3).

1.2.2 Durchführung

Die Wahl des Durchführungsweges obliegt dabei weiterhin allein dem Arbeitgeber (§ 1a Abs. 1 BetrAVG). Soweit im Unternehmen bereits eine betriebliche Altersvorsorge besteht (Pensionskasse, Pensionsfonds oder Versorgungseinrichtung nach § 22) ist der Arbeitnehmer daran gebunden. Besteht keine Versorgung im Unternehmen und ist der Arbeitgeber nicht bereit einen anderen Durchführungsweg anzubieten, kann der Arbeitnehmer den Abschluss einer Direktversicherung für sich verlangen (§ 1a Abs. 1 BetrAVG).

1.2.3 Fortführung mit eigenen Beiträgen

Das Recht auf Entgeltumwandlung erstreckt sich nur auf Zeiten, in denen ein Entgeltanspruch gegenüber dem Arbeitgeber besteht. In entgeltfreien Zeiten (längere Krankheit, Elternzeit und so weiter; siehe Abschn. 1.4.2 Berücksichtigung entgeltfreier Zeiten) besteht für den Arbeitnehmer darüber hinaus aber die Möglichkeit die Versorgung mit eigenen Beiträgen fortzuführen. Dieses Recht gilt für die versicherungsförmigen Durchführungswege Direktversicherung, Pensionskasse und Pensionsfonds.

Auch beim vorzeitigen Ausscheiden aus dem Unternehmen hat der Arbeitnehmer die Möglichkeit die Versorgung mit eigenen Beiträgen fortzuführen oder zu einem neuen Arbeitgeber mitzunehmen (siehe Abschn. 1.3.4 Übertragung (§ 4 BetrAVG)).

Hier sieht das Betriebsrentengesetz aber auch die Möglichkeit vor, nicht entrichtete Beträge in der Folgezeit nachzuzahlen, weil gerade in entgeltfreien Zeiten unter Umständen nicht genug Mittel zur Verfügung stehen, um die Vorsorge weiter zu bedienen.

1.2.4 Tarifvorbehalt

Das Recht auf Entgeltumwandlung ist nur eingeschränkt soweit ein Tarifvertrag, der auf das fragliche Arbeitsverhältnis anzuwenden ist, abweichende Regelungen vorsieht (siehe Abschn. 1.4.1 Tarifbindung).

1.2.5 Arbeitgeberpflichten

Die für die Praxis entscheidende Frage ist an dieser Stelle: Hat der Arbeitgeber eine Informations- oder sogar Beratungspflicht bezüglich des Rechts auf Entgeltumwandlung gegenüber dem Arbeitnehmer?

Nach dem Wortlaut des Betriebsrentengesetzes ist eine solche Pflicht nicht erkennbar und aus der gängigen Rechtsprechung lässt sich keine eindeutige Antwort ableiten. Einzig sicher scheint, dass der Arbeitgeber eine Informations- und Beratungspflicht hat, soweit eine Versorgung im Unternehmen besteht, beziehungsweise wenn mit anderen Arbeitnehmern bereits entsprechende Vereinbarungen getroffen worden sind (BAG vom 23.05.1989 – 3 AZR 257/99; BAG vom 17.12.1991 – 3 AZR 44/91; LAG Hamm vom 13.07.1999 – 6 Sa 2407/98). Unter Umständen reicht es hier aber bereits aus, wenn im Unternehmen entsprechende Beratungen zum Beispiel durch einen Versicherungsvermittler durchgeführt wurden, ohne dass es zu einem Abschluss gekommen ist.

Kommt der Arbeitgeber seiner Pflicht in diesen Fällen nicht nach, ist er unter Umständen zum Schadenersatz verpflichtet (ArbG Stuttgart vom 17.01.2005 – 19 Ca 3152/04).

Neben dieser Informationspflicht für den konkreten Fall einer bestehenden Versorgung, wurde vielfach versucht, eine allgemeine Informationspflicht aus dem Fürsorgeprinzip des § 242 BGB herzuleiten. Hierzu gehen die Meinungen weit auseinander. Die jüngste Entscheidung des BAG hierzu verneint allerdings eine Aufklärungspflicht des Arbeitgebers ausdrücklich (BAG vom 21.0.2014 – 3 AZR 807/11).

Im Ergebnis besteht für Arbeitgeber keine allgemeine Pflicht, Arbeitnehmer auf das Recht zur Entgeltumwandlung hinzuweisen oder weitergehend zu beraten.

Da aber zumindest in Einzelfällen eine Informationspflicht besteht, besteht auch mindestens immer das Prozessrisiko für den Arbeitgeber. Im Vergleich dazu ist der zeitliche und finanzielle Aufwand seine Arbeitnehmer über das Recht auf Entgeltumwandlung zu informieren und einen Termin mit einem Versicherungsvermittler zu vereinbaren gering. Entscheidet sich der Arbeitnehmer für eine betriebliche Altersvorsorge, ergeben sich für den Arbeitgeber daraus sogar Einsparungen bei den Sozialversicherungsbeiträgen. Soweit ein versicherungsförmiger Durchführungsweg gewählt wird, geht der Aufwand für Durchführung und Abwicklung auf Arbeitgeberseite ebenfalls fast gegen Null.

Wägt man die Rechtsunsicherheit mit ihren möglichen Folgen gegen den Aufwand einer Beratung ab, ergibt sich bei wirtschaftlicher Betrachtung für die Praxis nur eine sinnvolle Empfehlung: Auch ohne ausdrückliche Rechtspflicht sollten Arbeitgeber ihre Arbeitnehmer über das Recht auf Entgeltumwandlung informieren und eine entsprechende Beratung sicherstellen.

1.3   Wichtige Vorschriften des Betriebsrentengesetzes

1.3.1   Einstandspflicht (§§ 1 und 2 BetrAVG)

Der Arbeitgeber steht für erteilte Zusagen auf betriebliche Altersversorgung gegenüber dem Versorgungsberechtigten ein (§ 1 Abs. 1 BetrAVG). Das bedeutet, einmal zugesagte Leistungen können nicht ohne weiteres widerrufen, reduziert oder eingestellt werden. Der Zusagende ist zur Erfüllung verpflichtet und haftet hierfür. Der Arbeitnehmer erhält insoweit einen Rechtsanspruch auf die Leistungen, analog zum Rechtsanspruch auf Zahlung der im Arbeitsvertrag vereinbarten Vergütung (Entgelt). Auch hier kann die Vergütung nicht willkürlich vom Arbeitgeber geändert werden.

Dabei bezieht sich die Einstandspflicht des Arbeitgebers sowohl auf Anwartschaften, als auch auf laufende Bezüge.

Wurde die Versorgung auf einen externen Versorgungsträger ausgelagert und erhält der Arbeitnehmer von diesem einen Rechtsanspruch (Bezugsrecht) auf die zugesagten Leistungen (siehe Kap. 3), ist zunächst der externe Träger verpflichtet die entsprechenden Leistungen zu erbringen. Kann er dies beispielsweise im Insolvenzfall oder bei Unterdeckung nicht oder nicht in vollem Umfang, haftet der Arbeitgeber insoweit auch für diese Verpflichtungen (Subsidiärhaftung). Die Einstandspflicht besteht also unabhängig vom Durchführungsweg für alle erteilten Zusagen. Ist der Arbeitgeber selbst nicht mehr oder nicht mehr in vollem Umfang in der Lage zu leisten, greift in bestimmten Fällen die gesetzliche Insolvenzsicherung (siehe Abschn. 1.3.5 Gesetzlicher Insolvenzschutz (§§ 7–15 BetrAVG)).

Begrenzt wird die Haftung bei Anwartschaften durch § 2 BetrAVG auf die Höhe der so genannten unverfallbaren Anwartschaften (siehe Abschn. 1.3.2 Unverfallbarkeit (§§ 1b, 2 BetrAVG)) für laufende Leistungen in der Bezugsphase haftet er aber stets unbegrenzt.

Die einzigen Ausnahmen hiervon sind reine Beitragszusagen im Rahmen des neuen Sozialpartnermodells, hier entfällt die Subsidiärhaftung des Arbeitgebers vollständig.

1.3.2 Unverfallbarkeit (§§ 1b, 2 BetrAVG)

Wie im letzten Abschnitt beschrieben wurde, haftet der Arbeitgeber gegenüber dem Versorgungsberechtigten nicht für verfallbare Anwartschaften und nur solche kann er auch, beispielsweise beim Ausscheiden des Arbeitnehmers aus dem Unternehmen, widerrufen. Es ist also wichtig zu wissen, welche Anwartschaften in welcher Höhe widerrufen werden können und welche nicht. Hieraus ergibt sich dann zwangsläufig auch der oben beschriebene Haftungsumfang des Arbeitgebers.

Zur Beurteilung der Unverfallbarkeit einzelner Anwartschaften sind Art und Zeitpunkt der Zusage, sowie der konkrete Durchführungsweg ausschlaggebend. Die entsprechenden Regelungen hierzu finden sich in den §§ 1b und 2 BetrAVG.

Dabei ist im ersten Schritt zu prüfen, ob die Anwartschaft dem Grunde nach unverfallbar geworden ist, ob also der Arbeitnehmer überhaupt einen unwiderruflichen Rechtsanspruch auf die Versorgung erworben hat.

Im zweiten Schritt wird dann die Unverfallbarkeit der Höhe nach ermittelt, in welcher Höhe also der Arbeitnehmer einen unwiderruflichen Rechtsanspruch erworben hat.

1.3.2.1 Vertragliche Unverfallbarkeit

Neben den Bestimmungen der gesetzlichen Unverfallbarkeit (§§ 1b und 2 BetrAVG) gibt es die Möglichkeit die Unverfallbarkeit einer Anwartschaft vertraglich zu vereinbaren. Voraussetzung ist hier, dass sich die Parteien darüber einig sind und dies einvernehmlich regeln. Der Arbeitnehmer als Versorgungsberechtigter darf durch die vertragliche Vereinbarung besser, aber niemals schlechter gestellt werden. Vertragliche Unverfallbarkeit kann demnach dem Grunde nach früher, und der Höhe nach umfangreicher eintreten als gesetzliche Unverfallbarkeit. Niemals aber später oder in geringerem Umfang.

Mit der vertraglichen Vereinbarung ist die Unverfallbarkeit dem Grunde nach entstanden. Die Höhe richtet sich nach dem Inhalt der Vereinbarung, bzw. soweit diesbezüglich keine Vereinbarung getroffen wurde, nach den gesetzlichen Vorschriften.

1.3.2.2 Gesetzliche Unverfallbarkeit dem Grunde nach

Für arbeitnehmerfinanzierte Versorgungszusagen aus Entgeltumwandlung die ab dem 01.01.2001 erteilt worden sind, gilt von Beginn an gesetzliche Unverfallbarkeit. Der Arbeitnehmer erhält bei Direktversicherungen ein sofortiges, unwiderrufliches Bezugsrecht auf alle Leistungen, wobei Überschüsse nur zur Leistungsverbesserung verwendet werden dürfen. Gleiches gilt für Versorgungen aus Pensionskassen und Pensionsfonds. Hier erhält der Arbeitnehmer von Beginn an einen gesetzlichen Rechtsanspruch auf alle Leistungen.

Das Recht des Arbeitgebers auf Beleihung, Abtretung oder Verpfändung (er ist Versicherungsnehmer und insoweit grundsätzlich verfügungsberechtigt) ist bei Entgeltumwandlungen ausgeschlossen.

Bei arbeitgeberfinanzierten Versorgungszusagen tritt Unverfallbarkeit ein, wenn der Arbeitnehmer bei Ausscheiden aus dem Dienstverhältnis das 21. Lebensjahr vollendet hat und die Versorgung vor mindestens drei Jahren zugesagt wurde (für Altzusagen gelten je nach Zusagezeitpunkt unterschiedliche Altersgrenzen und Laufzeiten, hier ist im Einzelfall zu prüfen, welche Regelung anzuwenden ist). Pflichtzuschüsse des Arbeitgebers aus seiner Sozialversicherungsersparnis sind von Beginn an unverfallbar.

1.3.2.3 Gesetzliche Unverfallbarkeit der Höhe nach

Zur Berechnung von unverfallbaren Anwartschaften stehen verschiedene Berechnungsmethoden zur Verfügung. Je nach Zusageart und Durchführungsweg ergibt sich so die Höhe, auf die der Versorgungsberechtigte einen unwiderruflichen Rechtsanspruch erworben hat.

Ratierliches Verfahren (pro-rata-temporis)
Für Leistungszusagen in allen fünf Durchführungswegen und für beitragsorientierte Leistungszusagen in den Durchführungswegen Direktversicherung und Pensionskasse ist das ratierliche Verfahren anzuwenden. Dies ist unter bestimmten Voraussetzungen als Alternative auch bei Leistungszusagen für Direktversicherungen und Pensionskassen zulässig.

- Leistungszusagen in allen Durchführungswegen.
- Beitragsorientierte Leistungszusagen.
- Bei Direktversicherung und Pensionskasse.

Beim ratierlichen Verfahren wird die Höhe des Anspruchs ermittelt, in dem die tatsächlich zurückgelegte Dienstzeit (m) zu der vollen möglichen Dienstzeit (n) ins Verhältnis gesetzt und dann mit dem Anspruch multipliziert wird, der bei voller Dienstzeit erreichbar wäre.

Ratierlicher Anspruch = m/n

Bei beherrschenden Gesellschafter-Geschäftsführern sind für die Berechnung des ratierlichen Anspruchs nur die Dienstjahre zu berücksichtigen, die nach Erteilung der Zusage zurückgelegt wurden. Dies gilt dann, wenn die Zusage arbeitgeberfinanziert ist und von Beginn an vertragliche Unverfallbarkeit vereinbart wurde (BMF-Schreiben vom 09.12.2002). Insoweit ist der ratierliche Anspruch bei dieser Personengruppe stets geringer als bei „normalen" Arbeitnehmern.

Beispiel

Ein Arbeitnehmer ist im Alter von 25 Jahren in das Unternehmen eingetreten und erhält nach 10 Jahren Betriebszugehörigkeit eine Zusage auf betriebliche Altersvorsorge. Im Alter von 46 Jahren tritt er wieder aus dem Unternehmen aus. Die Höhe seiner unverfallbaren Anwartschaft ergibt sich nun nach dem ratierlichen Verfahren mit der folgenden Berechnung. ◄

Tatsächliche Dienstzeit (m): 21 Jahre (vom 25. bis zum 46. LJ)
Mögliche volle Dienstzeit (n): 42 Jahre (vom 25. bis zum 67. LJ)
Ratierlicher Anspruch: m/n = 21 Jahre/42 Jahre = **1/2 oder 0,5**

Der Arbeitnehmer hat in diesem Beispiel also bis zu seinem Ausscheiden die Hälfte der vollen möglichen Anwartschaft erworben und insoweit einen unwiderruflichen Anspruch gegenüber dem Arbeitgeber. Zur Berechnung der tatsächlichen Rentenhöhe muss der ratierliche Anspruch abschließend noch mit der zugesagten Rentenhöhe multipliziert werden.

Ratierlicher Anspruch: 50 %
Feste Rentenzusage: 600 € im Alter von 67 oder:
Variable Rentenzusage: 15 % der letzten Bruttobezüge im Alter von 67 Berechnung der tatsächlichen Rente:
600 € · 1/2 = **300 €** oder:
15 % · 1/2 = **7,5 %**

Bei der Berechnung der tatsächlichen Rentenhöhe ist immer von der Rente auszugehen, die bei voll zurückgelegter Dienstzeit erreichbar wäre.

Ratierlicher Anspruch: 50 % Zusageerteilung mit 35 Jahren Endalter: 67 Jahre
Mögliche Dienstjahre ab Zusageerteilung: 32
Rentenzusage: 500 €
Steigerung pro Dienstjahr: 5 €
Berechnung der tatsächlichen Rente:
Maximal erreichbare Rente: 32 Jahre · 5 € + 500 € = **660 €**
660 € · 1/2 = **330 €**

Hätte der Arbeitnehmer im obigen Beispiel statt der festen Rentenzusage über 600 € eine Zusage mit steigendem Anspruch erhalten, ergäbe sich die vorstehende Berechnung.

Die Problematik beim ratierlichen Verfahren besteht in einer möglichen Finanzierungslücke beim Arbeitgeber. Je größer der zeitliche Abstand zwischen Betriebseintritt und Erteilung der Versorgungszusage ist, umso größer ist unter Berücksichtigung der Betriebszugehörigkeit der ratierliche Anspruch des Versorgungsberechtigten. In der Regel wird jedoch erst mit Erteilung der Zusage begonnen, den Anspruch auszufinanzieren (anzusparen). Scheidet der Arbeitnehmer nun vorzeitig aus dem Unternehmen aus, stehen ihm nach dem ratierlichen Verfahren so zusagen auch Ansprüche aus der Zeit vor der Zusageerteilung zu, da ihm seine gesamte Betriebszugehörigkeit angerechnet wird (Ausnahme: Gesellschafter-Geschäftsführer; siehe oben). Diese Ansprüche sind dann aber noch nicht vollständig ausfinanziert und es entsteht eine Lücke. Je länger der Arbeitnehmer vor Erteilung der Zusage im Unternehmen beschäftigt war, umso größer ist die Lücke.

Erreichte Anwartschaft
Die erreichte Anwartschaft ist bei beitragsorientierten Leistungszusagen aus Direktzusagen, Unterstützungskassen und Pensionsfonds zwingend anzuwenden. Beitragsorientierte Leistungszusagen bei:

• Direktzusage und Unterstützungskasse.
• Pensionsfonds.

Bei der Berechnung nach der erreichten Anwartschaft bleibt die Betriebszugehörigkeit im Gegensatz zum ratierlichen Verfahren unberücksichtigt, hierdurch soll die Entstehung einer Finanzierungslücke (siehe oben) beim Arbeitgeber verhindert werden.

Gesetzlich ist diese Methode nicht näher definiert, was in der Praxis nicht selten zu Problemen führt. Insoweit ist es empfehlenswert, bereits bei Zusageerteilung die genaue Berechnung zu vereinbaren.

Bei den versicherungsförmigen Durchführungswegen ist beispielsweise eine Anlehnung an die jeweiligen beitragsfreien Versicherungssummen denkbar. Bei den nicht-versicherungsförmigen Durchführungswegen kann dies z. B. mit Hilfe der entsprechenden Rückdeckungsversicherung, so sie vorhanden ist, erfolgen.

Beiträge zuzüglich darauf entfallender Erträge
Diese Berechnungsmethode ist für alle Beitragszusagen mit Mindestleistung, die ab dem 01.01.2002 für versicherungsförmige Durchführungswege erteilt wurden, anzuwenden.

Beitragszusagen mit Mindestleistung ab 01.01.2002 bei:

• Direktversicherung
• Pensionskasse
• Pensionsfonds

Der unverfallbare Anspruch des Arbeitnehmers berechnet sich aus den, bis zum Zeitpunkt des Ausscheidens geleisteten Beiträgen, zuzüglich der darauf bis zum Eintritt des Versorgungsfalls entfallenen Erträge. An dieser Stelle wird die beitragsfreie Fortführung der Versorgung fingiert. Hiervon abzusetzen sind die Beiträge, die auf die Absicherung vorzeitiger Risiken entfallen. Sollten keine Erträge erwirtschaftet worden sein, ergibt sich als Mindestanspruch somit die Summe der Beiträge vermindert um den Risikoanteil.

Zur Versorgung geleistete Beiträge

\+ garantierte Leistung bei beitragsfreier Fortführung
\+ Überschüsse bei beitragsfreier Fortführung
\- Risikobeiträge
= unverfallbarer Anspruch

Versicherungsvertragliches Verfahren
Das versicherungsvertragliche Verfahren (auch versicherungsförmige Lösung) findet unter bestimmten Voraussetzungen bei Zusagen in der Direktversicherung und der Pensionskasse Anwendung. Voraussetzungen für die Anwendung sind:

- Der Arbeitgeber verlangt die Anwendung.
- Überschussanteile werden von Anfang an und ausschließlich zur Erhöhung der Versicherungsleistung verwendet.
- Der Arbeitnehmer hat das Recht die Versicherung mit eigenen Beiträgen fortzuführen.

Für Direktversicherungen gilt zusätzlich:

- Spätestens 3 Monate nach dem Ausscheiden muss das Bezugsrecht des Arbeitnehmers unwiderruflich sein.
- Es darf keine Beleihung oder Abtretung erfolgt sein.
- Es dürfen keine Beitragsrückstände vorhanden sein.
- Die vorzeitige Kündigung durch den Arbeitnehmer muss ausgeschlossen sein.

Sind die obigen Voraussetzungen erfüllt, kann dem Arbeitnehmer anstelle des ratierlichen Anspruchs die Versorgung mitgeben werden. Dies ist im Zweifel auch gegen den Willen des Arbeitnehmers möglich. Insoweit stellt das versicherungsvertragliche Verfahren eine Anspruchsbegrenzung dar.
Der Anspruch des Arbeitnehmers wird auf den jeweiligen Zeitwert der Versicherung begrenzt.

Versicherungsvertragliches Verfahren = Mitgabe der Versicherung

Der genaue Wert zum Zeitpunkt der Übertragung (Zeitwert) ist dabei unerheblich. Insoweit muss hier keine Wertermittlung erfolgen.

1.3.3 Abfindung (§ 3 BetrAVG)

Grundsätzlich besteht ein Verbot der Abfindung unverfallbarer Anwartschaften aus einer betrieblichen Altersvorsorge. Eine Abfindung ist aber z. B. in folgenden Fällen möglich und zulässig:

- Verfallbare Ansprüche.
- Ansprüche, die nur vertraglich unverfallbar sind.
- Auf Verlangen des Arbeitnehmers, wenn Beiträge zur DRV erstattet worden sind.
- Kleinstrenten, soweit keine Übertragung erfolgen soll.

Die Höhe der Abfindung richtet sich dabei nach § 4 Abs. 5 BetrAVG und entspricht bei den versicherungsförmigen Durchführungswegen dem Zeitwert der Versorgung. Bei den nicht-versicherungsförmigen Durchführungswegen ist eine Abfindung in Höhe des Barwerts zu leisten (Tab. 1.2).

Zeitwert
Der Zeitwert entspricht dem Wert der Versorgung zum Zeitpunkt der Abfindung. Je nach weiterer Verwendung (Auflösung, beitragsfreie Fortführung, Fortführung mit Beiträgen) kann dies der Rückkaufswert, die beitragsfreie Versicherungssumme oder das Deckungskapital sein.

Tab. 1.1 Berechnung unverfallbarer Ansprüche

Verfahren	Anwendung
Ratierliches Verfahren	Leistungszusagen in allen fünf Durchführungswegen und beitragsorientierte Leistungszusagen bei Direktversicherung und Pensionskasse
Erreichte Anwartschaft	Beitragsorientierte Leistungszusagen bei Direktzusage, Unterstützungskasse und Pensionsfonds
Beiträge zzgl. Erträge	Beitragszusagen mit Mindestleistung bei Direktversicherung, Pensionskasse und Pensionsfonds
Versicherungsvertragliches Verfahren	Unter bestimmten Voraussetzungen bei Direktversicherung und Pensionskasse

Tab. 1.2 Abfindung nach § 3 Abs. 5 BetrAVG

Nicht-versicherungsförmig	Versicherungsförmig
Direktzusage Unterstützungskasse	Direktversicherung Pensionskasse Pensionsfonds
Barwert	Zeitwert

Barwert

Der Barwert entspricht dem Betrag, der bereitgehalten werden muss, um bei einer bestimmten Annahme hinsichtlich Verzinsung und künftiger Einzahlungen alle Auszahlungsverpflichtungen nachkommen zu können.

Im Fall der Abfindung also der, auf den Zeitpunkt der Abfindung diskontierte (abgezinste), Gesamtbetrag der Versorgung bei Fälligkeit.

Kleinstrenten

Die Abfindung so genannter Kleinstrenten richtet sich nach § 3 Abs. 2 BetrAVG. Eine Kleinstrente liegt vor, wenn sie 1/100 bei Renten und 12/10 bei Kapitalleistungen der jeweils gültigen monatlichen Bezugsgröße nach § 18 SGB IV nicht überschreitet. Eine Abfindung ist unzulässig, wenn der Arbeitnehmer von seinem Recht auf Übertragung Gebrauch macht.

Das Recht zur Abfindung in den oben genannten Fällen steht allein dem Arbeitgeber zu, insofern kann er auch gegen den Willen des Arbeitnehmers eine Abfindung vornehmen. Der Arbeitnehmer hat weder das Recht die Abfindung zu verlangen, noch diese zu verweigern. Einzige Ausnahme hiervon ist das Recht auf Übertragung (§ 4 BetrAVG). Will der Arbeitnehmer von diesem Recht Gebrauch machen, ist eine Abfindung insoweit unzulässig. Das Recht auf Übertragung geht dem Recht auf Abfindung vor.

Ist der Versorgungsvertrag nach § 10a EStG gefördert (Riester-Förderung), sollte die Abfindung in einen neuen, ebenfalls förderfähigen (zertifizierten) Versorgungsvertrag übertragen werden, um den rückwirkenden Verlust der Förderfähigkeit und eine Rückzahlung der gewährten Steuervorteile nach § 93 EStG zu vermeiden.

1.3.4 Übertragung (§ 4 BetrAVG)

Bestehende Versorgungsanwartschaften und laufende Bezüge können vom Arbeitgeber bei Beendigung des Dienstverhältnisses zu einem neuen Arbeitgeber mitgenommen werden. Wie und in welcher Höhe dies geschieht, regelt § 4 BetrAVG. Die

Regelungen des § 4 BetrAVG finden jedoch keine Anwendung auf einen Betriebs-
übergang im Sinne des § 613a BGB.

Zunächst ist zu unterscheiden ob es sich um eine einvernehmliche Übertragung
handelt, oder der Arbeitnehmer von seinem Rechtsanspruch auf Übertragung Gebrauch macht.

Eine einvernehmliche Übertragung ist in allen Durchführungswegen möglich.

Die Übertragung erfolgt dabei entweder durch unveränderte Übernahme der
Zusage durch den neuen Arbeitgeber, oder durch Übertragung des Übertragungswertes auf eine neue, wertgleiche Zusage des neuen Arbeitgebers (Tab. 1.3).

Bei der Übernahme bleibt die ursprüngliche Zusage erhalten und der neue Arbeitgeber tritt mit allen Rechten und Pflichten in die Rechtstellung seines Vorgän-
gers ein. Damit haftet der neue Arbeitgeber auch für Fehler die unter Umständen
bei seinem Vorgänger gemacht worden sind. Da diese Entscheidung mit erhebli-
cher Unsicherheit verbunden ist, ist von einer Übernahme in der Praxis abzuraten.

Bei der Übertragung tritt der neue Arbeitgeber nicht in die Pflichten des alten
Arbeitgebers ein und haftet insoweit auch nicht für dort gemachte Fehler. Die bisherige Zusage an den Arbeitnehmer erlischt und gleichzeitig erfolgt durch den
neuen Arbeitgeber eine neue (wertgleiche) Zusage. Der Übertragungswert wird für
die neue Zusage berücksichtigt und mit Übertragung so behandelt, als wäre sie aus
einer Entgeltumwandlung finanziert worden (entsprechend gelten für diesen Teil
der Versorgung die Regelungen, die auf Entgeltumwandlungen anzuwenden sind).

In den versicherungsförmigen Durchführungswegen steht dem Arbeitnehmer ein
Rechtsanspruch auf Übertragung der Versorgung auf einen neuen Arbeitgeber zu.
Kommt es also bei einem Arbeitgeberwechsel zu keiner Einigung, bleibt dem Ar-
beitnehmer noch die Möglichkeit von diesem Rechtsanspruch Gebrauch zu machen.

Dabei hat er jedoch nur den Anspruch auf Übertragung des Übertragungswertes in
eine wertgleiche Versorgung. Ein Anspruch auf einen bestimmten Durchführungswege
oder einen bestimmten Versorgungsträger (Versicherer) besteht nicht. Auch besteht
kein Anspruch auf Fortführung der bisherigen Zusatzversicherungen wie Hinterblie-
nen- oder Berufsunfähigkeitsversorgungen, im Zweifel gehen diese also verloren.

• Anspruch auf wertgleiche Versorgung.
• Kein Anspruch auf bestimmten Durchführungsweg.

Tab. 1.3 Übertragung nach § 4 BetrAVG

Einvernehmliche Übertragung		Rechtsanspruch auf Übertragung
Übernahme der Zusage	Übertragung des Übertragungswertes	Übertragung
Alle Durchführungswege		Direktversicherung Pensionskasse Pensionsfonds

- Kein Anspruch auf bestimmten Versorgungsträger.
- Kein Anspruch auf Zusatzversicherungen.

Deckungskapitalübertragungsabkommen
Hierbei handelt es sich um ein Abkommen verschiedener Gesellschaften zur Erleichterung der Portabilität in der betrieblichen Altersvorsorge.

Führt der neue Arbeitgeber seine Versorgungen einheitlich in einem Gruppenvertrag durch, kann bei Übertragung einer Versorgung aus einer Direktversicherung oder einer Pensionskasse, soweit die betreffenden Gesellschaften dem Deckungskapitalübertragungsabkommen beigetreten sind, die Versicherung selbst übertragen werden. Dabei wird der Zeitwert der Versicherung ohne Abzüge (Deckungskapital) und mit dem vollen Leistungsumfang (inklusive aller Zusatzversicherungen) in den Gruppenvertrag beim neuen Arbeitgeber übernommen. Soweit der Leistungsumfang nicht erweitert wird, ist für biometrische Risiken keine neue Gesundheitsprüfung notwendig und es werden keine neuen Abschlusskosten berechnet.

1.3.5 Gesetzlicher Insolvenzschutz (§§ 7–15 BetrAVG)

Der gesetzliche Insolvenzschutz bezieht sich analog zu den Regelungen der Unverfallbarkeit auf alle laufenden Versorgungsleistungen und unverfallbare Anwartschaften (Renten und Kapitalleistungen).

Damit sind alle Anwartschaften die dem Grunde nach unverfallbar sind auch dem Grunde nach insolvenzgeschützt. Dies gilt jedoch nur für gesetzlich unverfallbare Anwartschaften. Vertraglich unverfallbare Anwartschaften werden vom gesetzlichen Insolvenzschutz nicht erfasst (Tab. 1.4).

Eine Ausnahme gilt dabei für Pensionszusagen an beherrschende Gesellschafter-Geschäftsführer (siehe Kap. 5) und für Beitragszusagen im Sozialpartnermodell, für diese Zusagen gilt der gesetzliche Insolvenzschutz nicht (PSV-Merkblatt 300/M1).

Der Höhe nach ist der Insolvenzschutz auf das Dreifache der monatlichen Bezugsgröße nach § 18 SGB IV begrenzt. Bei Kapitalleistungen sind für die Berechnung 10 % als Jahresbetrag einer laufenden Leistung anzusetzen (§ 7 Abs. 3 BetrAVG).

Träger der gesetzlichen Insolvensicherung ist der Pensions-Sicherungs-Verein Versicherungsverein auf Gegenseitigkeit (PSV a. G.).

Beitragspflicht
Die Insolvenzsicherungspflicht (gleichzeitig Beitragspflicht zum PSV a. G.) ist abhängig vom gewählten Durchführungsweg (§ 10 Abs. 1 BetrAVG).

Tab. 1.4 Gesetzlicher Insolvenzschutz

Durchführungsweg	Beitragsbemessungsgrundlage für den PSV a. G.	§ 10 Abs. 3
Direktzusage	Teilwert (§ 6a Abs. 3 EStG) der Pensionsverpflichtung	Nr. 1 BetrAVG
Direktversicherung	Geschäftsplanmäßiges Deckungskapital, bzw. die Deckungsrückstellung	Nr. 2 BetrAVG
Unterstützungskasse	Deckungskapital für die laufenden Leistungen (§ 4d Abs. 1 Nr. 1 Buchst. a EStG) zzgl. des Zwanzigfachen der jährlichen Zuwendungen nach § 4d Abs. 1 Nr. 1 Buchst. b Satz 1 EStG für Leistungsanwärter nach § 4d Abs. 1 Nr. 1 Buchst. b Satz 2 EStG	Nr. 3 BetrAVG
Pensionsfonds	20 % des Teilwertes (§ 6a Abs. 3 EStG) der Pensionsverpflichtung	Nr. 4 BetrAVG

Für Pensionskassenversorgungen besteht keine Beitragspflicht. Für Direktversicherungen besteht Beitragspflicht nur soweit das Bezugsrecht widerruflich erteilt worden ist, oder die Versicherung bei unwiderruflichem Bezugsrecht beliehen oder verpfändet wurde (§ 10 Abs. 3 Nr. 2 BetrAVG). Alle anderen Durchführungswege sind insolvenzsicherungspflichtig und unterliegen der Beitragspflicht zum PSV a. G.

Beitragsbemessung
Die Beiträge werden nach Maßgabe des § 10 Abs. 3 BetrAVG abhängig vom Durchführungsweg bemessen. In der folgenden Tabelle sind die einzelnen Regelungen nach Durchführungsweg aufgeführt.

Funktionsweise
Der Arbeitgeber entrichtet für die betreffenden Versorgungen laufende Beiträge an den PSV a. G.

Kann er im Insolvenzfall seinen Verpflichtungen nicht mehr oder nicht mehr in vollem Umfang nachkommen, tritt der PSV a. G. ein und leistet in Form eines Einmalbeitrages an ein Versicherungskonsortium, das dann den laufenden Verpflichtungen an die betreffenden Versorgungsberechtigten nachkommt.

Insolvenzschutz bei Übertragung
Für Zusagen die im Rahmen von freiwilligen Übertragungen abgegeben wurden besteht sofortiger Insolvenzschutz.

Bei Übertragungen nach § 4 Abs. 3 BetrAVG (Rechtsanspruch auf Übertragung) ist der Übertragungswert nur bis zur Höhe der Beitragsbemessungsgrenze in der gesetzlichen Rentenversicherung West insolvenzgeschützt.

1.3.6 Anpassungsprüfungspflicht (§ 16 BetrAVG)

Laufende Betriebsrenten (nicht einmalige Kapitalleistungen) unterliegen grundsätzlich einer Anpassungsprüfungspflicht durch den Arbeitgeber. Die Überprüfung und Anpassung der Renten hat mindestens im Abstand von drei Jahren zu erfolgen. Als Maßstab gilt dabei der Anstieg des Verbraucherpreisindex für Deutschland (§ 16 Abs. 2 Nr. 1 BetrAVG).

Bei der Überprüfung und Anpassung sind sowohl die Belange des Versorgungsempfängers, als auch die wirtschaftliche Lage des Arbeitgebers zu berücksichtigen. So soll die Anpassung der Betriebsrenten mindesten in Höhe des Anstiegs des Verbraucherpreisindex erfolgen. Bei nachweislich schlechter Lage des Arbeitgebers kann die Anpassung im Einzelfall aber auch geringer ausfallen oder ganz ausgesetzt werden. Als Obergrenze für eine Anpassung gilt dabei der Anstieg der Nettolöhne für vergleichbare Arbeitnehmergruppen im Unternehmen (§ 16 Abs. 2 Nr. 2 BetrAVG). Die Anpassungsprüfungspflicht entfällt in folgenden Fällen (§ 16 Abs. 3 BetrAVG):

- Wenn für Zusagen ab dem 01.01.1999 die laufenden Leistungen jährlich um mindestens 1 % angepasst werden.
- Wenn bei Direktversicherungen und Pensionskassen alle Überschüsse zur Erhöhung der laufenden Leistungen verwendet werden.
- Bei Beitragszusagen mit Mindestleistung.

1.3.7 Auskunftsanspruch (§ 4a BetrAVG)

Als Versorgungsberechtigter kann der Arbeitnehmer Auskunft über die Höhe seiner Anwartschaft verlangen. Das Recht besteht gegenüber seinem Arbeitgeber und gegenüber dem Versorgungsträger. Auf Verlangen haben diese dem Arbeitnehmer in Textform mitzuteilen:

1. ob und wie eine Anwartschaft auf betriebliche Altersversorgung erworben wird,
2. wie hoch der Anspruch auf betriebliche Altersversorgung aus der bisher erworbenen Anwartschaft ist und bei Erreichen der in der Versorgungsregelung vorgesehenen Altersgrenze voraussichtlich sein wird,

3. wie sich eine Beendigung des Arbeitsverhältnisses auf die Anwartschaft auswirkt und
4. wie sich die Anwartschaft nach einer Beendigung des Arbeitsverhältnisses entwickeln wird.
5. die Höhe des Übertragungswertes bei einer Übertragung nach § 4 Abs. 3

Erteilt der Arbeitgeber in diesem Zusammenhang falsche Auskünfte über Versorgungsansprüche, ist er unter Umständen zum Schadenersatz verpflichtet (BAG vom 21.11.2000 – 3 AZR 13/00).

1.3.8   Arbeitgeberzuschuss nach § 1a Abs. 1a BetrAVG

Bei einer Entgeltumwandlung in den versicherungsförmigen Durchführungswegen ist der Arbeitgeber verpflichtet, für Beitragszusagen seit 2018, für alle anderen Neuzusagen seit 2019 und für Altzusagen ab dem Jahr 2022 einen pauschalen Zuschuss in Höhe von 15 % zu leisten, soweit durch die Entgeltumwandlung Sozialversicherungsbeiträge eingespart werden. Alternativ kann der Arbeitgeber den Zuschuss auf die Höhe der tatsächlichen Ersparnis begrenzen, wegen der Berechnung dürfte dies in der Praxis jedoch schwierig werden.

Für reine Beitragszusagen im Sozialpartnermodell ist der Zuschuss obligatorisch, außerhalb dieses Modells kann durch Tarifvertrag davon abgewichen werden.

1.4   Wichtige arbeitsrechtliche Vorschriften

Aus der Tatsache, dass einer Zusage auf betriebliche Altersvorsorge stets ein Arbeitsverhältnis zu Grunde liegt, ergeben sich weitere rechtliche Konsequenzen. Demnach finden alle Rechtsnormen die das Arbeitsverhältnis selbst betreffen grundsätzlich auch Anwendung auf die „angeknüpfte" betriebliche Altersvorsorge. Die zugesagten Leistungen einer betrieblichen Altersvorsorge werden mit Erteilung der Zusage zum Bestandteil der vertraglich geschuldeten Vergütung (vgl. § 611 BGB). Sie sind insoweit ein Entgeltbestandteil für die Arbeitsleistung des Arbeitnehmers. Nachfolgend werden die aus Sicht der Praxis wichtigsten Regelungsbereiche behandelt.

Aber: Die Geltung allgemeiner arbeitsrechtlicher Vorschriften hat ihre Grenze immer dort, wo das Betriebsrentenrecht vorrangige Sonderregelungen enthält (BAG vom 11.12.2007 – 3 AZR 249/06).

1.4.1 Tarifbindung

Soweit Entgeltansprüche auf einem Tarifvertrag beruhen, besteht ein Recht zur Entgeltumwandlung nur, wenn der entsprechende Tarifvertrag dies vorsieht oder zulässt (§ 17 Nr. 5 BetrAVG). Insoweit können die Tarifvertragsparteien das Recht auf Entgeltumwandlung einschränken. Ist auf ein Arbeitsverhältnis ein Tarifvertrag anzuwenden, kommt eine betriebliche Altersvorsorge also nur in folgenden Fällen in Betracht:

- Der anzuwendende Tarifvertrag sieht dies ausdrücklich vor.
- Im Tarifvertrag ist eine so genannte Öffnungsklausel, die dies erlaubt.
- Das fragliche Entgelt wird über Tarif gezahlt.
- Zusätzliche Arbeitgeberleistungen.

Eine Liste der jeweils gültigen Tarifverträge (inklusiver der für allgemeinverbindlich erklärten Tarifverträge) kann kostenlos über die Internetseiten des Bundesministeriums für Arbeit und Soziales abgerufen werden (www.bmas.de).

1.4.2 Berücksichtigung entgeltfreier Zeiten

Auf die Frage beispielsweise inwieweit dem Arbeitnehmer in arbeitsfreien Zeiten wie Krankheit, Urlaub und so weiter, die Beiträge zu einer betrieblichen Altersvorsorge weiter zustehen, findet sich im Betriebsrentengesetz selbst keine Antwort.

Die entsprechenden Regelungen hierzu finden sich in den Vorschriften des Entgeltfortzahlungsgesetzes (EntgeltfortzahlungsG) bzw. des Bundesurlaubsgesetzes (BUrlG) und anderer Vorschriften.

Soweit ein Anspruch des Arbeitnehmers auf Fortzahlung des vereinbarten Entgeltes besteht, stehen ihm auch die Beiträge zu seiner betrieblichen Altersvorsorge weiter zu. Im Krankheitsfall also für die ersten sechs Wochen der Arbeitsunfähigkeit, bzw. wenn im Arbeitsvertrag ein längerer Zeitraum vereinbart wurde, für diese Zeit.

1.4.3 Gleichbehandlung

Die Vorschriften des Allgemeinen Gleichbehandlungsgesetzes (AGG) finden, soweit sie auf Arbeitsverhältnisse anzuwenden sind, ebenfalls Anwendung für die betriebliche Altersvorsorge. Dies gilt jedoch nur soweit keine spezielle Regelung des Betriebsrentengesetzes etwas anderes vorsieht (siehe zum Beispiel die Regelungen zur Unverfallbarkeit, die an das Erreichen eines bestimmten Alters geknüpft sind; BAG vom 11.12.2007 – 3 AZR 249/06 oder BAG vom 12.02.2013 – 3 AZR 100/1).

So verbietet das Gleichbehandlungsgesetz in § 7 die Ungleichbehandlung von Arbeitnehmern aus den in § 1 AGG genannten Gründen (Rasse, Geschlecht, Alter und so weiter) ohne sachlichen Grund. Eine Regelung die zum Beispiel eine betriebliche Altersvorsorge ausschließlich der männlichen Belegschaft zusichert wäre demnach unzulässig, ebenso wie eine Regelung die der männlichen Belegschaft höhere Leistungen als der weiblichen Belegschaft verspricht. Sachliche Gründe können sein:

- Individuelle Leistungen des Arbeitnehmers
- Position im Unternehmen
- Betriebszugehörigkeit
- Gehaltshöhe

Unproblematisch ist dies regelmäßig bei einer durch Entgeltumwandlung finanzierten Versorgung, da der Arbeitnehmer selbst entscheidet, ob und in welcher Höhe er davon Gebrauch macht. Soweit also allen Arbeitnehmern der gleiche Zugang zu einer bestehenden Versorgung gewährt wird, besteht kaum die Gefahr einer Benachteiligung. Probleme entstehen in der Praxis häufig bei einer arbeitgeberfinanzierten Zusage, denn hier ist der Arbeitgeber grundsätzlich frei, wem und unter welchen Voraussetzungen er welche Leistungen zusagt.

Verstößt der Arbeitgeber gegen das Benachteiligungsverbot des § 7 AGG, macht er sich unter Umständen schadenersatzpflichtig (§ 15 AGG), mit der Folge, dass er dem benachteiligten Arbeitnehmer den hieraus entstandenen Schaden zu ersetzen hat.

Mit anderen Worten, wird ein Arbeitnehmer aus sachfremden Gründen bei der betrieblichen Altersvorsorge benachteiligt, stehen ihm die Leistungen zu, die er bei benachteiligungsfreier Behandlung hätte beanspruchen können, im Zweifel also jene Leistungen, die vergleichbare andere Arbeitnehmer erhalten (haben).

Wegen der noch relativ jungen Regelungen des AGG, existieren bisher nur wenige Urteile. Das bedeutet, dass dieser Bereich noch einer gewissen Rechtsunsicherheit unterliegt. Eine unterschiedliche Behandlung aus einem in § 1 AGG genannten Grund beinhaltet demnach immer ein gewisses Restrisiko, auch wenn hierfür eine vermeidlich sachliche Begründung gefunden wurde. Zumindest bleibt ein gewisses Restrisiko in Form des Prozessrisikos immer bestehen.

In der Praxis ist daher zu empfehlen, auf eine solche Differenzierung bei der Einrichtung einer Versorgungsordnung (siehe auch Kap. 6) gänzlich zu verzichten.

1.4.4 Teilzeitbeschäftigung

Auch das Teilzeit und Befristungsgesetz (TzBefG) enthält mit dem § 4 ein Verbot der Diskriminierung ohne sachlichen Grund, hier von teilzeitbeschäftigten Arbeitnehmern. Hiernach sind ihnen Arbeitsentgelt und andere geldwerte Leistungen in dem Umfang zu gewähren, der dem Anteil ihrer Arbeitszeit an der Arbeitszeit eines vollbeschäftigten Arbeitnehmers entspricht (§ 4 Abs. 1 Satz 1 TzBfG).

Für die betriebliche Altersvorsorge bedeutet dies, dass teilzeitbeschäftigte Arbeitnehmer anteiligen Anspruch auf die Leistungen haben, die vollbeschäftigten Arbeitnehmern zugesagt werden. Grundlage für die Berechnung des anteiligen Anspruchs bildet dabei die jeweilige Arbeitszeit im Verhältnis zur vollen Arbeitszeit.

1.4.5 Befristete Beschäftigungsverhältnisse

§ 4 Abs. 2 TzBfG verbietet die schlechtere Behandlung befristet beschäftigter Arbeitnehmer ohne rechtfertigenden Grund. Strittig ist jedoch, inwieweit diese Regelung auf die betriebliche Altersvorsorge anzuwenden ist, soweit Arbeitnehmer wegen der Befristung von einer Versorgungsregelung im Unternehmen ausgeschlossen oder schlechter behandelt werden.

Das Recht auf Entgeltumwandlung ist hiervon nicht betroffen, es gilt uneingeschränkt auch für befristet beschäftigte Arbeitsverhältnisse. Die Frage stellt sich also nur in Bezug auf arbeitgeberfinanzierte Zusagen. Nach einem Urteil des Landesarbeitsgerichts Düsseldorf (LAG Düsseldorf vom 23.11.2010 – 16 Sa 1093/10) ist ein Ausschluss jedenfalls dann unzulässig, wenn das Arbeitsverhältnis so lange besteht, dass die Chance besteht unverfallbare Anwartschaften zu erwerben (zu den Fristen der Unverfallbarkeit siehe Abschn. Unverfallbarkeit (§§ 1b, 2 BetrAVG)). Ist ein Arbeitnehmer so lange im Unternehmen beschäftigt, dass eine ihm erteilte Zusage noch vor dem geplanten Ende seines Vertrages gesetzlich unverfallbar werden kann, muss er wie seine unbefristet beschäftigten Kollegen behandelt werden.

Zulässig ist es hingegen, wenn als Voraussetzung für eine Zusage eine gewisse Betriebszugehörigkeit erreicht wurde. Regelungen, wonach zum Beispiel ein Arbeitnehmer erst nach fünf Jahren Betriebszugehörigkeit einen Anspruch auf eine Zusage auf betriebliche Altersvorsorge haben soll, wäre nicht zu beanstanden.

Nach seiner ständigen Rechtsprechung sieht das Bundesarbeitsgericht die Förderung der Betriebstreue eines Mitarbeiters als einen wesentlichen Zweck der betrieblichen Altersvorsorge aus Arbeitgebersicht. Bei einem befristet Beschäftigten
Mitarbeiter besteht dieses Interesse naturgemäß nicht und insoweit wäre ein Ausschluss, beziehungsweise eine Schlechterbehandlung gerechtfertigt (so zum Beispiel das BAG vom 13.12.1994 – 3 AZR 367/94; die Urteile stammen jedoch aus
der Zeit vor Inkrafttreten des § 4 TzBfG, eine Anwendung auf den § 4 TzBfG ist in
der Schlussfolgerung logisch, jedoch noch nicht abschließend entschieden). Wie
sich die Rechtsprechung hierzu entwickeln wird ist noch nicht abzusehen, daher ist
in der Praxis Vorsicht geboten. Zu empfehlen ist, bei arbeitgeberfinanzierten Zusagen auf eine Mindestbetriebszugehörigkeit abzustellen (siehe auch Kap. 6).

1.4.6 Mitbestimmung

Dem Betriebsrat stehen Mitbestimmungsrechte bei der Form, der Ausgestaltung
und der Verwaltung betrieblicher Sozialleistungen zu. Als eine solche unterliegt
auch die Einrichtung einer betrieblichen Altersvorsorge grundsätzlich der Mitbestimmung durch den Betriebsrat.

Die einzelnen Rechte ergeben sich aus den §§ 87 und 88 BetrVG (vgl. hierzu zum
Beispiel auch BAG vom 16.02.1993 – 3 ABR 29/92 und BAG vom 12.06.1975 – 3
ABR 13/74).

Das Mitbestimmungsrecht erstreckt sich dabei auf alle Durchführungswege und
auf alle Personen, die durch den Betriebsrat vertreten werden. Für ausgeschiedene
Mitarbeiter, leitende Angestellte und Organmitglieder hat der Betriebsrat insoweit
kein Mitspracherecht.

Bei den einzelnen Entscheidungen, die für die Einrichtung einer betrieblichen
Altersvorsorge im Unternehmen zu treffen sind, ist nun zu unterscheiden, welche
der Mitbestimmungspflicht unterliegen und welche der Arbeitgeber frei treffen
kann (zur Beteiligung des Betriebsrates über die Mitbestimmungspflichten hinaus
siehe Kap. 6).

Ausgeschlossen ist eine Mitbestimmung des Betriebsrates immer dann, wenn
gesetzliche oder tarifvertragliche Regelungen greifen. Dagegen hat er das Recht,
jede Versorgungsordnung auf die Vereinbarkeit mit § 75 BetrVG zu überprüfen.
Aber auch hier kann er sich über gesetzliche oder tarifliche Regelungen nicht hin-
wegsetzen.

Darüber hinaus stehen ihm Mitbestimmungsrechte bei der Gestaltung des Leis-
tungsplanes zu, soweit nicht die freien Entscheidungen des Arbeitgebers betroffen sind.

Weitere Mitbestimmungsrechte in Form des Informationsrechts stehen ihm bei der Planung der Einrichtung einer Versorgungsordnung und in Form des Initiativrechts bei der Verteilung der Leistungen zu. Hier kann er innerhalb des vom Arbeitgeber vorgegebenen Dotierungsrahmens Alternativvorschläge unterbreiten.

Ohne die Mitbestimmung des Betriebsrates hingegen kann der Arbeitgeber frei entscheiden, ob eine betriebliche Altersvorsorge eingeführt oder abgeschafft wird und in welcher Gesamthöhe Zuwendungen an die Arbeitnehmer erfolgen sollen. Darüber hinaus ist er frei in der Entscheidung über den Durchführungsweg und den begünstigten Personenkreis, wobei die Vorschriften des § 75 BetrVG und des Gleichbehandlungsgesetzes zu beachten sind. Zu den freien Entscheidungen gehören zum Beispiel auch die Auswahl oder der Wechsel des Versicherungsunternehmens.

Mitbestimmungsfreie Entscheidungen:

- Ob eine betriebliche Altersvorsorge eingeführt oder abgeschafft wird.
- Gesamtaufwand der Zuwendungen.
- Begünstigter Personenkreis.

Zusagearten

2

Die Grundlage der betrieblichen Altersvorsorge ist stets eine Zusage von bestimmten Versorgungsleistungen über Alters-, Invaliditäts-, und/oder Hinterbliebenenversorgung (die so genannte Versorgungszusage) des Arbeitgebers an einen Arbeitnehmer (§ 1 Abs. 1 BetrAVG).

Damit entsteht neben dem zu Grunde liegenden Arbeitsverhältnis eine weitere Rechtsbeziehung zwischen Arbeitgeber und Arbeitnehmer. Die Zusagen sind dabei zunächst in mittelbare und unmittelbare Zusagen zu unterscheiden (siehe auch Tab. 2.1).

Unmittelbare Zusagen
Wird die Versorgung durch den Arbeitgeber selbst realisiert, handelt es sich um eine zweiseitige Rechtsbeziehung und man spricht von einer unmittelbaren Zusage.

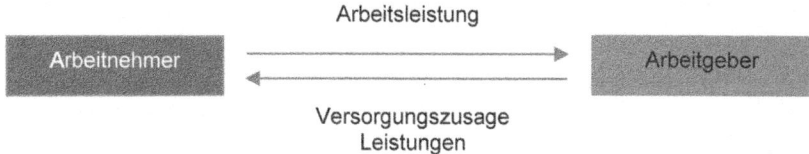

Arbeitsleistung

Arbeitnehmer → Arbeitgeber

Versorgungszusage
Leistungen

Mittelbare Zusagen
Wird die Versorgung auf einen externen Versorgungsträger ausgelagert, entsteht eine rechtliche Dreiecksbeziehung zwischen Arbeitgeber, Arbeitnehmer und dem externen Versorgungsträger. In diesem Fall spricht man von einer mittelbaren Versorgungszusage.

© Springer Fachmedien Wiesbaden GmbH, ein Teil von Springer Nature 2020
R. Schwarz, *Betriebliche Altersvorsorge*,
https://doi.org/10.1007/978-3-658-30973-2_2

Tab. 2.1 Zusagearten

Unmittelbar	Mittelbar
Direktzusage	Direktversicherung
	Pensionskasse
	Pensionsfonds
	Unterstützungskasse

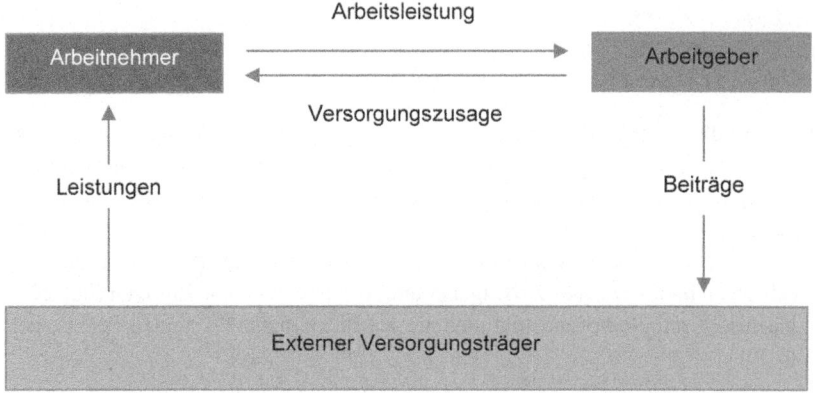

Eine weitere Unterscheidung der Zusagen erfolgt nach dem Umfang der versprochenen Leistungen im Zusagezeitpunkt in Leistungszusagen, beitragsorientierten Leistungszusagen und Beitragszusagen mit Mindestleistung.

2.1 Leistungszusage

Mit der Leistungszusage verspricht der Arbeitgeber einen bestimmten, von vorneherein feststehenden Versorgungsumfang (§ 1 Abs. 1 S. 1 BetrAVG). Dies kann entweder ein bestimmter Betrag oder aber ein bestimmter Prozentsatz des letzten Bruttoentgeltes vor Eintritt des Versorgungsfalls sein. Vorstellbar ist auch eine Kopplung an die Betriebszugehörigkeit des Arbeitnehmers. Diese Form der Zusage ist damit gewissermaßen die Urform der Versorgung durch eine betriebliche Altersvorsorge. Zulässig ist die Leistungszusage in allen fünf Durchführungswegen.

Formulierungsbeispiel
Sie erhalten eine lebenslange monatliche Altersrente in Höhe von 500 €, wenn sie mit voll-
endetem 67. Lebensjahr aus unserem Unternehmen ausscheiden.
Sollten sie vor Erreichen der Regelaltersgrenze in der gesetzlichen Rentenversicherung
wegen Berufsunfähigkeit aus unserem Unternehmen ausscheiden, erhalten sie bis zum Beginn der Regelaltersrente eine monatliche Rente in Höhe von 20 % ihres letzten, vor Eintritt
der Berufsunfähigkeit gezahlten, Bruttogehaltes.

Wie bereits erwähnt, haftet der Arbeitgeber für die Erfüllung des Leistungsver-
sprechens gegenüber dem Arbeitnehmer. Im Fall der Leistungszusage also in Höhe
des zugesagten Betrages über die gesamte Laufzeit der Versorgung. Die Problematik die sich aus solchen Zusagen ergibt, ist die von vornherein nicht feststehende
Gesamthöhe der Zusage und damit auch die Höhe des benötigten Deckungskapitals zu Beginn der Versorgung.

Im ersten Beispiel kennen wir zwar die Höhe der monatlich zu zahlenden Rente
und den Beginn der Versorgung, wir wissen jedoch nicht wie alt der Arbeitnehmer
wird. Das Ende und damit die Leistungsdauer sind im Zeitpunkt der Zusage nicht
bekannt. Insbesondere vor dem Hintergrund der immer größer werdenden Lebens-
erwartung birgt diese Art der Versorgungszusage ein extrem hohes Risiko für den
Arbeitgeber.

Im zweiten Bespiel ist die Unsicherheit noch um ein vielfaches höher. Hier ist
weder der Zeitpunkt des Versorgungsfalles bekannt, noch die Höhe der dann zu
zahlenden Monatsrente. Der Arbeitgeber kann somit keine verlässliche Prognose
stellen, welches Kapital zu welchem Zeitpunkt zur Verfügung stehen muss.

Insgesamt lässt sich feststellen, dass bei dieser Art der Zusage das Haftungsrisiko für den Arbeitgeber vergleichsweise am größten ist.

Leistungszusage
Die Zusage auf eine von vornherein feststehende Leistung. Der Versor-
gungsberechtigte weiß mit Erteilung der Zusage welche Leistungen er im
Versorgungsfall beanspruchen kann.

2.2   Beitragsorientierte Leistungszusage

Mit der beitragsorientierten Leistungszusage verpflichtet sich der Arbeitgeber bestimmte Beiträge für die Alters-, Invaliditäts- und/oder Hinterbliebenenversorgung
des Arbeitnehmers aufzuwenden (§ 1 Abs. 2 Nr. 1 BetrAVG). Dies kann ein

feststehender Betrag, oder ein bestimmter Prozentsatz des jeweils vereinbarten Bruttoentgeltes sein. Auch besteht die Möglichkeit die Höhe der Beiträge an eine externe Bezugsgröße wie beispielsweise die Beitragsbemessungsgrenze in der Rentenversicherung zu koppeln.

Beitragsorientierte Leistungszusage
Die Zusage auf einen feststehenden Betrag, der für den Versorgungsfall angespart wird. Der Versorgungsberechtigte weiß bei Erteilung der Zusage noch nicht, welche Leistungen er im Versorgungsfall beanspruchen kann.

Die Zahlungsintervalle können ebenfalls frei gewählt werden, in Betracht kommen neben monatlichen Zahlungen beispielsweise auch jährliche Beiträge aus Sonderzahlungen oder Bonifikationen. Hierzu sind aber die Ausführungen zur steuerlichen Förderfähigkeit des § 3 Nr. 63 EStG zu beachten. Diese Art der Leistungszusage ist ebenfalls für alle Durchführungswege zulässig.

Formulierungsbeispiel
Für ihre Altersvorsorge werden wir einen monatlichen Beitrag von 150 € aufwenden. Die Höhe der Versorgungsleistungen entspricht den garantierten Leistungen der Rückdeckungsversicherung, die wir für diesen Zweck abschließen werden. Soweit wir aus der Rückdeckungsversicherung höhere Leistungen als die garantierten Versorgungsleistungen beanspruchen können, erhöht sich ihr Versorgungsanspruch entsprechend.

Im Gegensatz zur Leistungszusage wird hier keine von vorneherein feststehende Leistung zugesagt, sondern lediglich die Leistungen, die sich aus den Beitragsaufwendungen ergeben. Der Aufwand für den Arbeitgeber steht somit von vorneherein fest. Seine Haftung ist auf die Höhe des jeweils aktuell zur Verfügung stehenden Deckungskapitals bzw. auf die Höhe des Rückkaufwertes begrenzt (§ 2 Abs. 5a BetrAVG). Zeitpunkt und Höhe der zu erbringenden Versorgungsleistungen stellen bei der beitragsorientierten Leistungszusage somit keinerlei Haftungsrisiko für den Arbeitgeber dar, da für den Versorgungsempfänger jederzeit mindestens das Kapital zur Verfügung steht, das er aus der Versorgungszusage beanspruchen kann.

Insgesamt lässt sich feststellen, dass hier das Haftungsrisiko des Arbeitgebers mit Ausnahme der reinen Beitragszusage vergleichsweise am geringsten ist.

2.3   Beitragszusage mit Mindestleistung

Die Beitragszusage mit Mindestleistung wurde erst 2002 in das BetrAVG eingeführt und ist somit die jüngste Form der Zusage in der betrieblichen Altersvorsorge.
Als besondere Form der Versorgungszusage ist sie nur in den versicherungsförmigen Durchführungswegen (Pensionsfonds, Pensionskasse und Direktversicherung)
zulässig.

Formulierungsbeispiel
Im Erlebensfall zahlt der Pensionsfonds dem Versorgungsberechtigten zum vereinbarten
Rentenbeginn eine garantierte Rente. Die Höhe der Rente ergibt sich zum Ende der Anwartschaftsphase aus dem zuzurechnenden Versorgungskapital auf der Grundlage der eingezahlten Beiträge. Es stehen zu Beginn der Rentenphase aber mindesten die eingezahlten Beiträge, abzüglich der für biometrische Risiken geleisteten Beitragsanteile zur Verfügung.

Der Arbeitgeber verpflichtet sich bestimmte Beiträge für die Versorgung des
Arbeitnehmers aufzuwenden und garantiert zu Versorgungsbeginn mindestens die
eingezahlten Beiträge (Mindestleistung) zu leisten. Abgezogen werden hiervon nur
die Beitragsanteile (Kosten), die auf die Deckung biometrischer Risiken entfallen.

> **Beitragszusage mit Mindestleistung**
> Zusage auf einen bestimmten Betrag, der für den Versorgungsfall angespart
> wird und eine entsprechende Mindestleistung. Der Versorgungsberechtigte
> weiß bei Erteilung der Zusage welche Leistungen er im Versorgungsfall min-
> destens beanspruchen kann.

Trotz der Auslagerung auf einen externen Versorgungsträger, haftet auch hier
der Arbeitgeber für die Erfüllung des zugesagten Versorgungsanspruches. Insoweit
ergibt sich aufgrund der Besonderheiten der Durchführung des externen Versor-
gungsträgers in den ersten Jahren nach der Zusage ein erhöhtes Haftungsrisiko
durch die zu leistenden Abschlusskosten und das somit geringere Deckungskapital
zu Beginn.

2.4   Beitragszusagen

Die Beitragszusage wurde 2018 in das BetrAVG aufgenommen und ermöglicht
Versorgungszusagen ohne Subsidiärhaftung des Arbeitgebers. Reine Beitragszusagen sind nur im Sozialpartnermodell auf der Grundlage einer tarifvertraglichen

Vereinbarung möglich. Anders als in allen anderen Zusagearten wird hier lediglich eine unverbindliche und je nach Vermögens- und Ertragsentwicklung der Versorgungseinrichtung veränderliche Zielrente zugesagt; Garantien, auch für die Beiträge, gibt es nicht. Zum Ausgleich des Risikos, das hier ausschließlich der Arbeitnehmer trägt, zahlt der Arbeitgeber einen so genannten Sicherungsbeitrag. Auch diese Form der Zusage ist nur in den versicherungsförmigen Durchführungswegen zulässig, ein Kapitalwahlrecht zu Rentenbeginn aber ausgeschlossen.

Formulierungsbeispiel
Im Erlebensfall zahlt der Pensionsfonds dem Versorgungsberechtigten zum vereinbarten Rentenbeginn eine Rente. Die Höhe der Rente ergibt sich zum Ende der Anwartschaftsphase aus dem zuzurechnenden Versorgungskapital auf der Grundlage der eingezahlten Beiträge, abzüglich der für biometrische Risiken geleisteten Beitragsanteile.

Der Aufwand für den Arbeitgeber steht somit von vornherein fest. Seine Haftung für Versorgungsleistungen ist ausgeschlossen.

> **Beitragszusage**
> Zusage auf einen bestimmten Betrag, der für den Versorgungsfall angespart wird, und eine unverbindliche Zielrente. Der Versorgungsberechtigte weiß bei Erteilung der Zusage nicht, welche Leistungen er im Versorgungsfall beanspruchen kann.

Welche Zusageart in welchen Durchführungswegen zulässig ist, zeigt die Tab. 2.2.

Tab. 2.2 Zusagearten und Durchführungswege

Zusagearten	Durchführungswege	
	Versicherungsförmig	Nicht-versicherungsförmig
Leistungszusage	X	X
Beitragsorientierte Leistungszusage	X	X
Beitragszusage mit Mindestleistung	X	
Beitragszusage	X	

Durchführungswege

3

Im folgenden Kapitel geht es um die unterschiedlichen Durchführungswege, die einem Unternehmen zur Umsetzung einer betrieblichen Altersvorsorge zur Verfügung stehen und die Konsequenzen die sich aus den unterschiedlichen Alternativen ergeben (Tab. 3.1).

Aufgrund der unterschiedlichen steuerlichen Auswirkungen, des individuellen Risikos und des Verwaltungsaufwandes für das Unternehmen ist dies eine der wichtigsten Entscheidungen überhaupt. Die Vor- und Nachteile sollten sorgfältig berücksichtigt und abgewogen werden, um zu einer für das Unternehmen optimalen Lösung zu gelangen.

Eine erste Unterscheidung der Durchführungswege ist die in versicherungsförmige und nicht-versicherungsförmige Durchführungswege. Von versicherungsförmig spricht man deshalb, weil hier bereits von Beginn an biometrische Risiken der Versorgungsberechtigten abgedeckt werden. Hierzu zählen die Direktversicherung, die Pensionskasse und der Pensionsfonds Zu den nicht-versicherungsförmigen Durchführungswegen gehören die Direktzusage (Pensionszusage) und die Unterstützungskasse.

Biometrisches Risiko bedeutet, dass im Zeitpunkt der Zusage keinem der Beteiligten das Lebensalter des Versorgungsberechtigten bekannt ist, das er erreichen wird. Somit ist auch die Höhe der Gesamtsumme der Zusage bei lebenslangen Renten anfangs unbekannt. Je älter der spätere Versorgungsempfänger wird, desto höher ist die zu erbringende Versorgungsleistung insgesamt (so genanntes Langlebigkeitsrisiko). Dies stellt für den zusagenden Arbeitgeber ein nicht unerhebliches finanzielles Risiko dar. Noch bedeutender ist die Risikobetrachtung im Fall einer Rentenzusage bei vorzeitigem Ausscheiden aus dem Erwerbsleben. Hier kommt hinzu, dass selbst der Beginn der Rentenzahlungen im Zeitpunkt der Zusage unge-

© Springer Fachmedien Wiesbaden GmbH, ein Teil von Springer Nature 2020
R. Schwarz, *Betriebliche Altersvorsorge*,
https://doi.org/10.1007/978-3-658-30973-2_3

Tab. 3.1 Durchführungswege

Nicht-versicherungsförmig	Versicherungsförmig
Direktzusage	Direktversicherung
Unterstützungskasse	Pensionskasse
	Pensionsfonds

wiss ist. Wie bei einer klassischen Lebensversicherung werden diese Risiken bei den versicherungsförmigen Durchführungswegen einkalkuliert, in dem ein Teil des Beitrages als Risikoanteil verwendet wird und für solche Fälle bereit steht.

Wie bereits in Kap. 2 Zusagearten beschrieben, hat die Wahl des Durchführungsweges auch Auswirkungen auf die Entscheidung welche Zusage erteilt werden soll, so ist die Beitragszusage mit Mindestleistung beispielsweise nur in den versicherungsförmigen Durchführungswegen zulässig.

Eine weitere Unterscheidung der Durchführungswege ist die in unmittelbar und mittelbar durchgeführte Versorgungen. Wie bereits beschrieben entsteht durch die Zusage auf Leistungen einer betrieblichen Altersvorsorge neben dem Arbeitsverhältnis eine weitere Rechtsbeziehung zwischen Arbeitgeber und Arbeitnehmer, bzw. dem externen Versorgungsträger bei Auslagerung der Versorgung. In den folgenden Abschnitten werden die verschiedenen Durchführungswege und ihre rechtlichen Auswirkungen bis hin zur steuerlichen und sozialversicherungsrechtlichen Behandlung der Beiträge und Leistungen beschrieben.

3.1   Versicherungsförmige Durchführungswege

3.1.1   Rechtsbeziehung

Bei den versicherungsförmigen Durchführungswegen handelt es sich immer um mittelbare Zusagen, bei denen die Versorgung vom Arbeitgeber nicht selbst durchgeführt, sondern auf einen externen Versorgungsträger ausgelagert wird. Dies führt zu der bereits beschriebenen rechtlichen Dreiecksbeziehung zwischen den Beteiligten.

Der Arbeitgeber sagt seinem Arbeitnehmer im Rahmen des Arbeitsvertrages eine Leistung auf Alters-, Invaliditäts- oder Hinterbliebenenversorgung zu. Dies geschieht als Gegenleistung (Entgelt) für die Arbeitsleistung des Arbeitnehmers (obere Seite des Dreiecks). Unerheblich ist dabei ob es sich um eine arbeitnehmerfinanzierte (Entgeltumwandlung) oder eine arbeitgeber-finanzierte Zusage handelt. Unabhängig davon, wer die Beiträge letztlich wirtschaftlich trägt (siehe Abschn. 1.1), erfolgt die Zahlung der Beiträge immer durch den Arbeitgeber.

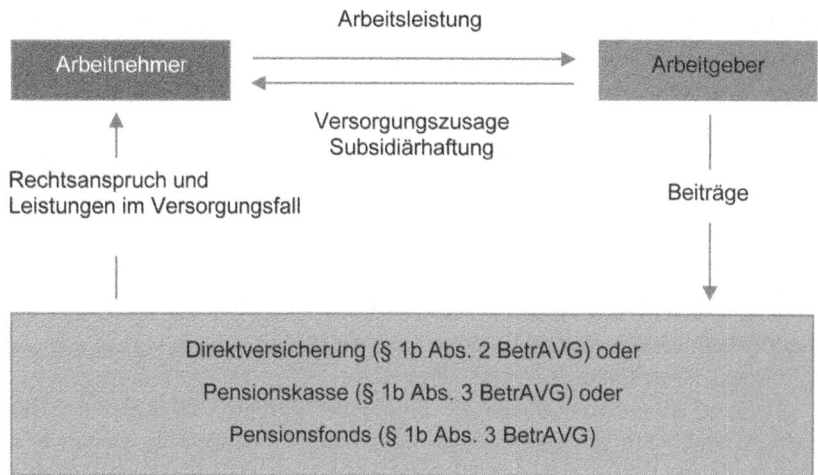

Der Arbeitgeber schließt daraufhin einen Vertrag über die Durchführung der zugesagten Versorgung mit einem externen Versorgungsträger und zahlt die hierfür notwendigen Beiträge. Er tritt als Vertragspartner (Versicherungsnehmer) und Beitragszahler auf (rechte Seite des Dreiecks). Der Arbeitnehmer erhält vom externen Versorgungsträger einen Rechtsanspruch (Bezugsrecht) auf die Leistungen aus der betrieblichen Altersvorsorge und im Versorgungsfall die zugesagten Leistungen (linke Seite des Dreiecks).

Bezugsrecht

Der Arbeitnehmer erhält das volle oder ein teilweises Bezugsrecht für die Leistungen aus dem Vertrag mit dem externen Versorgungsträger. Im Folgenden werden die unterschiedlichen Möglichkeiten der Ausgestaltung des Bezugsrechts erläutert. Dabei beziehen sich die Ausführungen auf alle versicherungsförmigen Durchführungswege gleichermaßen (Tab. 3.2).

Werden die Beiträge vom Arbeitnehmer finanziert (Entgeltumwandlung), steht dem Arbeitnehmer von Anfang an unwiderruflich das volle Bezugsrecht für alle Leistungen (garantierte Leistungen und Überschüsse) zu. Dies gilt auch, soweit die Ansprüche unverfallbar (Einzelheiten siehe Abschn. 1.3.2 Unverfallbarkeit) geworden sind, oder dem Arbeitnehmer von vornherein vertraglich ein unwiderrufliches Bezugsrecht eingeräumt worden ist.

Werden die Beiträge vom Arbeitgeber finanziert (arbeitgeberfinanzierte bAV; ausgenommen hiervon sind Beträge, die der Arbeitgeber verpflichtend aus der So-

Tab. 3.2 Bezugsrecht

Arbeitnehmerfinanziert	Arbeitgeberfinanziert[a]
Nur vollständig und unwiderruflich	Widerrufliches Bezugsrecht möglich
	Teilweises Bezugsrecht möglich

[a]Ausnahme: Sozialversicherungsersparnis

zialversicherungsersparnis weitergegeben hat) besteht die Möglichkeit, dem Arbeitnehmer ein widerrufliches Bezugsrecht einzuräumen. Soweit die Ansprüche nicht unverfallbar geworden sind, kann der Arbeitgeber dann bei einem vorzeitigen Ausscheiden des Arbeitnehmers aus dem Unternehmen die Zusage widerrufen. Ist dies der Fall, verliert der Arbeitnehmer seine Ansprüche aus dem Vertrag und die Leistungen stehen fortan dem Arbeitgeber zu.

Als letzte Möglichkeit kommt die Teilung des Bezugsrechts in Betracht. So kann beispielsweise vereinbart werden, dass dem Arbeitnehmer die garantierten Leistungen und dem Arbeitgeber alle Überschüsse aus einer Direktversicherung zustehen sollen. Voraussetzung dafür ist aber, dass der Arbeitgeber die Beiträge finanziert, soweit die Zusage durch Entgeltumwandlung finanziert ist, ist eine Teilung des Bezugsrechts ausgeschlossen.

Steht dem Arbeitgeber ein (teilweises) Bezugsrecht zu, hat er dieses Bezugsrecht in seiner Bilanz als Forderung zu aktivieren (siehe Exkurs Grundzüge der Bilanzierung und Abschnitt Steuerliche Behandlung beim Arbeitgeber).

Beleihung und Abtretung
Die Beleihung, Abtretung und Verpfändung von Versorgungsverträgen durch den Arbeitnehmer selbst muss für steuerliche Zwecke ausgeschlossen sein (siehe Abschn. 3.1.6 Steuerliche Behandlung von Beiträgen und Leistungen), dies betrifft auch Zeiten der Fortführung mit eigenen Beiträgen. Aber, als Versicherungsnehmer ist der Arbeitgeber Vertragspartner und damit verfügungsberechtigt über die Verträge. Eine Beleihung oder Abtretung durch ihn kommt also grundsätzlich in Betracht. Soweit der Arbeitnehmer jedoch unwiderruflich bezugsberechtigt ist (unverfallbare Anwartschaft), erlischt die Verfügungsberechtigung des Arbeitgebers und eine Beleihung oder Abtretung durch ihn ist ausgeschlossen (siehe auch Abschn. 1.3.2).

Soweit aber dem Arbeitnehmer nur ein widerrufliches Bezugsrecht eingeräumt wurde (verfallbare Anwartschaft), kann der Arbeitgeber eine Beleihung oder Abtretung vornehmen. Um eine Umgehung des Bezugsrechts (rechtsmissbräuchliche Gestaltung) durch den Arbeitgeber zu verhindern, schreibt der Gesetzgeber für diese Fälle vor, dass er gegenüber dem Versorgungsberechtigten eine so genannte

Sicherstellungserklärung abzugeben hat. Hierin verpflichtet er sich den Arbeitnehmer im Versorgungsfall so zu stellen, als wenn die Beleihung oder Abtretung nicht
erfolgt wäre. Gibt er keine Sicherstellungserklärung ab, besteht für die Versorgung
eine Aktivierungspflicht in der Bilanz (siehe Exkurs Grundzüge der Bilanzierung).

3.1.2 Verwendung gezillmerter Tarife

Die Verwendung von gezillmerten Tarifen für die betriebliche Altersvorsorge ist
nach einem Urteil des Bundesarbeitsgerichts unproblematisch, soweit die Ab-
schluss- und Vertriebskosten auf fünf Jahre verteilt werden (BAG vom 15.09.2009 –
3 AZR 17/09). Es verstößt insoweit weder gegen das Wertgleichheitsgebot, noch
stellt es eine unangemessene Benachteiligung im Sinne des § 307 BGB dar.

Gezillmerte Tarife können demnach ohne Bedenken für die Durchführung der
betrieblichen Altersvorsorge verwendet werden. Allerdings ist der Versorgungsberechtigte hiervon rechtzeitig vor Vertragsunterzeichnung zu informieren (analog zu
den Regelungen des Versicherungsvertragsgesetzes VVG).

Für Verträge, die vor dem 01.01.2008 abgeschlossen wurden, besteht allerdings
unverändert die Pflicht der Aufstockung der Versicherungsleistungen, da hier die
Verteilung der Abschluss- und Vertriebskosten in der Regel nicht über fünf Jahre
erfolgt ist. Insoweit ist dies nachzuholen.

Einzige Ausnahme hiervon sind Verträge, die mit Hilfe des Förderbetrages für
Geringverdiener (siehe Abschn. 3.1.6.5) finanziert werden. Hier müssen die Vertriebskosten auf die gesamte Laufzeit verteilt werden.

3.1.3 Direktversicherung

Bei der Direktversicherung handelt es sich um eine normale Lebens- oder Rentenversicherung, die der Arbeitgeber für seinen Arbeitnehmer abschließt. Der Arbeitgeber tritt hierbei in die Funktionen des Versicherungsnehmers und des Beitragszahlers ein. Unabhängig davon ob es sich um eine arbeitnehmer- oder eine
arbeitgeberfinanzierte bAV handelt, werden die Beiträge stets vom Arbeitgeber
entrichtet. Der Arbeitnehmer ist versicherte Person und im Versorgungsfall erhält
er die Leistungen direkt vom Versicherer. Oder, soweit dies vorgesehen ist, die
Leistungen werden an seine Hinterbliebenen ausgezahlt.

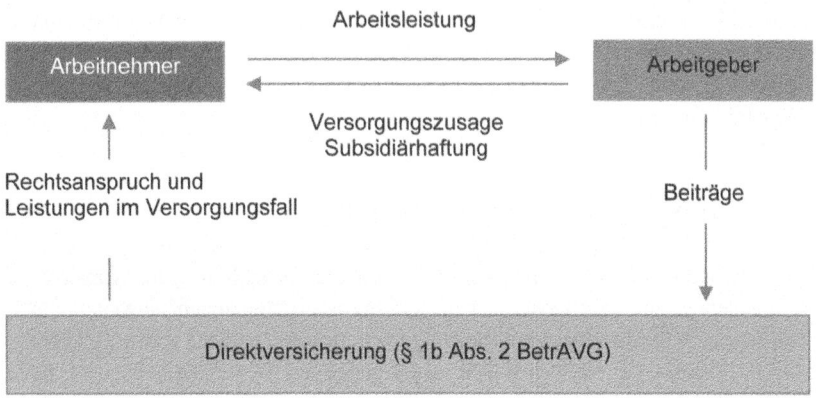

Um in den Genuss der steuerlichen Förderung nach § 3 Nr. 63 EStG zu kommen, ist der Kreis der Hinterbliebenen aber auf solche, die steuerlich anerkannt sind, eingeschränkt (siehe Abschn. 3.1.1).

Neben einer klassischen Rentenversicherung kommt auch der Abschluss einer Berufs- oder Erwerbsunfähigkeitsversicherung in Betracht, bzw. eine Mischform aus beiden Versicherungsarten, soweit die Versorgungszusage des Arbeitgebers für diese Fälle Leistungen vorsieht. In der Praxis wird mit der Rentenversicherung häufig eine Beitragsbefreiung für den Fall der Berufsunfähigkeit vereinbart, so dass der Arbeitnehmer die Versicherung privat ohne Beitragsaufwand fortführen kann.

- Lebens-, Renten- und/oder Berufsunfähigkeitsversicherung.
- Arbeitgeber ist Versicherungsnehmer und Beitragszahler.
- Arbeitnehmer ist versicherte Person.
- Volles oder teilweises Bezugsrecht durch den Arbeitnehmer.
- Zahlung der Versorgungsleistung durch den Versicherer.

3.1.4 Pensionskasse

Pensionskassen sind selbständige, rechtsfähige Versorgungseinrichtungen in der Rechtsform eines Versicherungsvereins auf Gegenseitigkeit (VVaG) oder einer Aktiengesellschaft (AG). Eingerichtet und getragen werden sie von einem (Einzelkasse) oder mehreren (Konzern- oder Gruppenkasse) Unternehmen oder auch Verbänden. Analog zur Direktversicherung gewährt sie ihren Mitgliedern

(Versicherten) einen Rechtsanspruch auf Leistungen der betrieblichen Altersvorsorge und wickelt im Leistungsfall die entsprechenden Zahlungen ab. Die Funktionsweise ist dabei analog zu der der Direktversicherung. Der Arbeitgeber schließt mit der Pensionskasse einen Rahmenvertrag und tritt in die Stellung des Versicherungsnehmers und in die des Beitragszahlers ein. Der Arbeitnehmer wird versicherte Person und erhält ein Bezugsrecht für die zugesagten Versorgungsleistungen.

Zur Finanzierung der Leistungen erhebt die Pensionskasse einen versicherungsmathematisch kalkulierten Beitrag, der auch biometrische Risiken berücksichtigt.

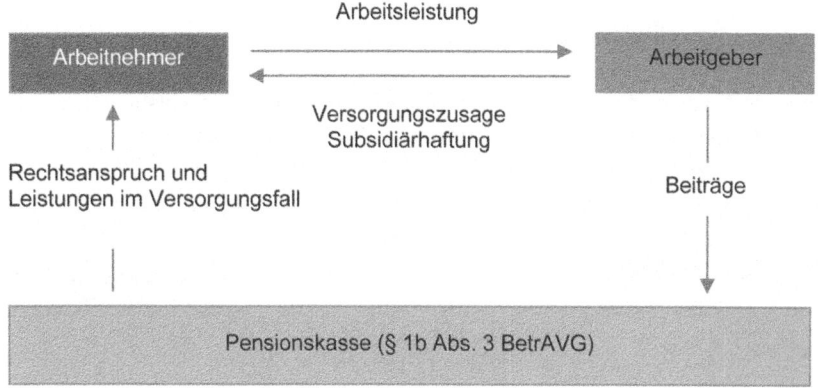

Pensionskassen betreiben Versicherungsgeschäfte im Sinne des Versicherungsaufsichtsgesetzes und unterliegen daher der Genehmigung und Aufsicht durch das Bundesamt für Finanzdienstleistungsaufsicht (BaFin).

Wesentlicher Unterschied zur Direktversicherung besteht in der Aufsicht durch das BaFin. Größere Kassen sind dereguliert, das heißt sie unterliegen wie Versicherungen nicht der Einzelaufsicht. Diese Kassen müssen sich an den festgelegten Rechnungszins halten. Das BaFin hat in Bezug auf den Geschäftsplan eine Einspruchsmöglichkeit.

Kleinere Kassen können hingegen reguliert sein, das heißt sie unterliegen der Einzelaufsicht durch das BaFin. Geschäftsplan und Tarife solcher Kassen werden individuell überprüft und genehmigt. Mit der Folge, dass in der Vergangenheit bei entsprechendem Nachweis deutlich höhere Rechnungszinsen genehmigt werden konnten.

Der zweite wesentliche Unterschied besteht in der Art der Tarifgestaltung. Übliche Pensionskassen-Versorgungen erfüllen häufig nicht die strengen Voraussetzungen für eine steuerliche Förderung nach § 3 Nr. 63 EStG (siehe Abschn. 3.1.6

Steuerliche Behandlung von Beiträgen und Leistungen). Aufgrund einer Ausnahmeregelung durch das Bundesfinanzministerium sind diese Tarife aber trotzdem förderfähig (BMF-Schreiben vom 17.11.2004).

- Arbeitgeber ist Versicherungsnehmer und Beitragszahler.
- Arbeitnehmer ist versicherte Person.
- Volles oder teilweises Bezugsrecht durch den Arbeitnehmer.
- Zahlung der Versorgungsleistung durch die Pensionskasse.

3.1.5 Pensionsfonds

Pensionsfonds sind ebenso wie Pensionskassen selbständige, rechtsfähige Versorgungseinrichtungen in der Rechtsform eines Versicherungsvereins auf Gegenseitigkeit (VV a. G.) oder einer Aktiengesellschaft (AG).

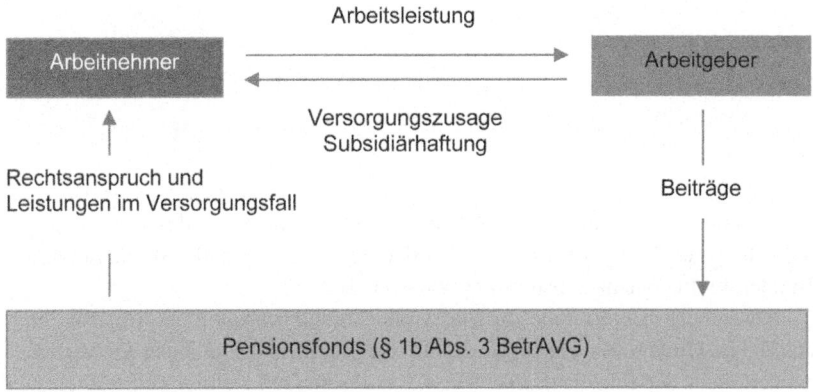

Analog zur Direktversicherung gewährt auch die Pensionskasse ihren Mitgliedern (Versicherten) einen Rechtsanspruch auf Leistungen der betrieblichen Altersvorsorge und wickelt im Leistungsfall die entsprechenden Zahlungen ab.

Entsprechend ist die Funktionsweise. Der Arbeitgeber schließt mit dem Pensionsfonds einen Versorgungsvertrag und tritt in die Stellung des Versicherungsnehmers und in die des Beitragszahlers ein. Der Arbeitnehmer wird versicherte Person und erhält ein Bezugsrecht für die zugesagten Versorgungsleistungen.

Vom Gesetzgeber werden Pensionsfonds nicht als Versicherungsunternehmen angesehen, aber weitgehend so behandelt. Für die Genehmigung und Aufsicht gelten im Wesentlichen die gleichen Vorschriften wie für Versicherungen und Pensionskassen. Im Unterschied zu Pensionskassen sind sie aber in ihrer Finanzanlage freier. So können sie ihr Vermögen bis zu 90 % in Aktien anlegen, was bei gutem Management entsprechend höhere Renditen ermöglicht, aber auch ein höheres Risiko birgt. Daher unterliegen Versorgungen über Pensionsfonds auch der Beitragspflicht zum PSV a. G.

- Arbeitgeber ist Versicherungsnehmer und Beitragszahler.
- Arbeitnehmer ist versicherte Person.
- Volles oder teilweises Bezugsrecht durch den Arbeitnehmer.
- Zahlung der Versorgungsleistung durch den Pensionsfonds.

3.1.6 Steuerliche Behandlung von Beiträgen und Leistungen

Beiträge zur betrieblichen Altersvorsorge sind vom Grundsatz her ein Teil des Arbeitsentgeltes und zählen damit zu den steuerpflichtigen Einkünften aus nichtselbständiger Arbeit (§ 19 Abs. 3 EStG). Dabei spielt es keine Rolle ob die Beiträge wirtschaftlich vom Arbeitnehmer (Entgeltumwandlung) oder als zusätzliche Leistung vom Arbeitgeber (arbeitgeberfinanzierte Zusage) getragen werden.

Unter bestimmten Voraussetzungen werden die Beiträge zu den versicherungsförmigen Durchführungswegen aber steuerlich privilegiert.

Erste Voraussetzung ist, dass die Zusage einem Arbeitnehmer im Sinne des Steuerrechts erteilt worden sein muss, wobei der sozialversicherungsrechtliche Status unerheblich ist. Ein Gesellschafter-Geschäftsführer, der sozialversicherungsrechtlich als Selbständiger zu behandeln ist, ist, soweit ein steuerlich anerkanntes Dienstverhältnis vorliegt, Arbeitnehmer im Sinne des Steuerrechts. Eine an ihn erteilte Zusage ist daher, bei Vorliegen der übrigen Voraussetzungen, steuerlich privilegiert. Unter diese Regelung fallen auch geringfügig beschäftigte Arbeitnehmer, mitarbeitende Familienangehörige und Selbständige, die im Wesentlichen nur für einen Auftraggeber tätig sind und mehr als 50 % ihres Umsatzes mit diesem erzielen (siehe Abschn. 3.1.1 und Kap. 5).

Weitere Voraussetzung ist das Vorliegen eines so genannten ersten Dienstverhältnisses, also eine Beschäftigung die den Lohnsteuerklassen I bis V unterliegt. Zweitarbeitsverhältnisse der Lohnsteuerklasse VI können die Steuerprivilegien der betrieblichen Altersvorsorge demnach nicht in Anspruch nehmen.

Das Mindestendalter liegt bei 62 Jahren (60 für Zusagen bis 2011). Die Versorgung muss so ausgestaltet sein, dass eine Kündigung, Beleihung oder Abtretung ausgeschlossen ist.

- Arbeitnehmer im Sinne des Steuerrechts.
- Erstes Dienstverhältnis (Steuerklasse I bis V).
- Mindestendalter 62 (bei Zusagen bis 2011: 60).
- Kündigung, Beleihung oder Abtretung ausgeschlossen.

Bei den sonstigen Voraussetzungen muss im Folgenden nun zwischen den § 40b EStG, § 3 Nr. 63 EStG und § 10a EStG unterschieden werden.

Welches Recht Anwendung findet, ergibt sich aus der ursprünglichen Zusage. Dabei gilt der Grundsatz, dass die Besteuerung von Beiträgen und Leistungen nach dem Recht der ursprünglichen Zusage erfolgt. Erfolgt mit einem Arbeitgeber- und/ oder Versorgungsträgerwechsel keine neue Zusage, sondern wird die alte Zusage unverändert fortgeführt, ist weiterhin das Recht anzuwenden, das bei Zusageerteilung anzuwenden war.

3.1.6.1 Zusagen nach § 40b EStG a. F.

Diese Regelung findet Anwendung auf Zusagen die bis zum 31.12.2004 erteilt worden sind (so genannte Altzusagen). Vertragsschluss und mindestens eine Beitragszahlung müssen vor dem 31.12 2004 erfolgt sein. Für solche Altzusagen gilt ein Bestandsschutz, die Pauschalversteuerung kann für diese Verträge fortgeführt werden solange das zu Grunde liegende Dienstverhältnis andauert. Wechselt der Arbeitnehmer zu einem anderen Arbeitgeber, kann auch hier die Pauschalversteuerung fortgeführt werden, solange der bestehende Vertrag übertragen und keine neue Zusage durch den Folgearbeitgeber erfolgt (BMF-Schreiben vom 31.03.2010). So lange also die ursprüngliche Zusage in Kraft bleibt, ist auch weiterhin das entsprechende Recht auf sie anzuwenden (Tab. 3.3). Weitere Voraussetzung für die Anwendung des § 40b EStG ist eine Mindestlaufzeit von 5 Jahren.

Tab. 3.3 Zusagen nach § 40b EStG a. F.

Ansparphase	Leistungsphase
Pauschalbesteuerung in Höhe von 20 % zzgl. Solidaritätszuschlag und ggf. Kirchensteuer bis max. 1752 € p. a. Im Rahmen der Durchschnittsbildung bis max. 2148 €p. a.	Renten: mit dem Ertragsanteil (§ 22 Nr. 1 Satz 3 Buchst. a Doppelbuchst. bb EStG) Kapitalleistungen: steuerfrei bei Abschluss vor 2005; Halbeinkünfteverfahren bei Abschluss nach 2004 (§ 20 Abs. 1 Nr. 6 EStG)

- Arbeitnehmer im Sinne des Steuerrechts.
- Erstes Dienstverhältnis (Steuerklasse I bis V).
- Mindestendalter 62 (bei Zusagen bis 2011: 60).
- Kündigung, Beleihung oder Abtretung ausgeschlossen.
- Mindestlaufzeit 5 Jahre.

Während der Ansparphase werden Beiträge zu Direktversicherungen und Pensionskassen (§ 40b EStG gilt nicht für Pensionsfonds) bis zu einem Jahresbeitrag von 1752 € mit einem pauschalierten Steuersatz in Höhe von 20 %, zuzüglich Solidaritätszuschlag und gegebenenfalls Kirchensteuer besteuert. Dieser Betrag kann im Rahmen der so genannten Durchschnittsbildung auf bis zu 2148 € erhöht werden.

In der Leistungsphase richtet sich die Besteuerung danach, ob es sich um laufende Rentenzahlungen (wiederkehrende Bezüge) oder einmalige Kapitalleistungen handelt.

Laufende Renten unterliegen nach § 22 Nr. 1 Satz 3 Buchst. a Doppelbuchst. bb EStG der Besteuerung. Hiernach ist der so genannte Ertragsanteil steuerpflichtig und mit dem individuellen Steuersatz zu versteuern. Wie hoch der Ertragsanteil ist, richtet sich nach dem Jahr der erstmaligen Rentenzahlung, dieser bleibt dann über die gesamte Laufzeit der Rente konstant (Tabelle in § 22 EStG). Für Renten die wegen Berufs- oder Erwerbsunfähigkeit gezahlt werden, richtet sich die Berechnung des Ertragsanteils nach § 55 Abs. 2 EStDV.

Bei einmaligen Kapitalleistungen ist entscheidend, wann der entsprechende Vertrag abgeschlossen wurde. Für Verträge, die vor 2005 abgeschlossen wurden sind die Kapitalleistungen steuerfrei, wenn der Vertrag mindestens 12 Jahre bestanden hat.

Für nach 2004 abgeschlossene Verträge werden die Kapitalleistungen nach dem so genannten Halbeinkünfteverfahren (§ 20 Abs. 1 Nr. 6 EStG) besteuert wenn der Vertrag mindestens 12 Jahre bestanden hat und der Versicherte zum Zeitpunkt der Zahlung das 60. Lebensjahr vollendet hat. Steuerpflichtig ist die Hälfte des Unterschiedsbetrages zwischen Versicherungsleistung und Beitragssumme. Dieser wird dann zu den übrigen Einkünften hinzugerechnet und mit dem individuellen Steuersatz versteuert.

3.1.6.2 Zusagen nach § 3 Nr. 63 EStG

Zusätzliche Voraussetzung ist hier die Zusage laufender Rentenleistungen oder eines Auszahlplanes mit Restverrentung. Ein Kapitalwahlrecht ist zulässig. Als Bezugsberechtigte für den Todesfall sind nur steuerlich anerkannte Hinterbliebene zulässig (siehe Abschn. 1.1).

Wesentliches Kennzeichen des § 3 Nr. 63 EStG ist der Übergang zur vollen nachgelagerten Besteuerung von Rentenleistungen. In der Anwartschaftsphase gezahlte Beiträge sind grundsätzlich von der Einkommensteuer befreit, die später im Bezugszeitraum gezahlten Versorgungsleistungen unterliegen aber der vollen Besteuerung (Tab. 3.4). Der Steuervorteil nach § 3 Nr. 63 EStG ergibt sich damit im Wesentlichen aus dem in der Rentenbezugsphase vergleichsweise niedrigeren Steuersatz.

- Arbeitnehmer im Sinne des Steuerrechts.
- Erstes Dienstverhältnis (Steuerklasse I bis V).
- Mindestendalter 62 (bei Zusagen bis 2011: 60).
- Kündigung, Beleihung oder Abtretung ausgeschlossen.
- Laufende Rentenleistungen oder Auszahlplan mit Restverrentung (Kapitalwahlrecht zulässig).
- Bezugsberechtigung im Todesfall nur für steuerlich anerkannte Hinterbliebene (siehe Abschnitt Definition).

Beiträge zu Direktversicherungen, Pensionskassen und Pensionsfonds bleiben bis zu einem Höchstbetrag von 8 % der Beitragsbemessungsgrenze West in der Rentenversicherung (BBG GRV West) steuerfrei. Der bisherige Festbetrag in Höhe von 1800 € jährlich entfällt. Besteht eine Altzusage nach § 40b EStG a. F., wird der hierfür tatsächlich entrichtete Beitrag auf den steuerbegünstigen Rahmen angerechnet.

In der Leistungsphase unterliegen Renten- und Kapitalleistungen der vollen Steuerpflicht (§ 22 Nr. 5 EStG) und werden mit dem individuellen Steuersatz versteuert. Eine Steuerbegünstigung findet hier im Gegensatz zum § 40b EStG nicht statt.

3.1.6.3 Zusagen nach § 10a EStG (Riester)

Die Zulagenförderung des § 10a EStG kann für alle versicherungsförmigen Durchführungswege in Anspruch genommen werden, wobei eine Zertifizierung der Produkte hier nicht notwendig ist. Im Rahmen der Entgeltumwandlung besteht für den

Tab. 3.4 Zusage nach § 3 Nr. 63 EStG

Ansparphase	Leistungsphase
Beiträge bis 8 % der BBG (GRV West) steuerfrei Abzüglich der geleisteten Beiträge für eine Versorgung nach § 40b EStG a. F.	Renten und Kapitalleistungen voll steuerpflichtig (§ 22 Nr. 5 EStG)

Arbeitnehmer sogar ein gesetzlicher Rechtsanspruch auf diese Form der Förderung (§ 1a Abs. 3 BetrAVG).

Wie auch bei privat geführten zertifizierten Produkten, besteht die Förderung aus der Zulagenförderung (abhängig von Alter, Familienstand und Anzahl der Kinder; Tab. 3.5) und dem Sonderausgabenabzug der Beiträge. Im Rahmen der Steuererklärung sind die Finanzämter dabei zur sogenannten Günstigerprüfung verpflichtet.

Führt der Sonderausgabenabzug zu einer höheren Steuerersparnis als die reine Zulagengewährung, wird dieser automatisch berücksichtigt. Die Beiträge werden hier im Unterschied zu den beiden anderen Förderwegen also aus dem Nettoeinkommen finanziert und erst im Nachhinein steuerbegünstigt. Für die maximal mögliche Förderung muss der Arbeitgeber mindestens 4 % seines sozialversicherungspflichtigen Vorjahreseinkommens als Beitrag aufwenden. Maximal sind analog zum § 3 Nr. 63 EStG 8 % der BBG GRV West möglich. Als Mindestbeitrag sind 60 € im Jahr aufzuwenden. Werden weniger als 4 % des Vorjahreseinkommens aufgewendet, werden die Zulagen anteilig gewährt.

In der Praxis ist die Zulagenförderung im Rahmen der betrieblichen Altersvorsorge aber kaum relevant. Die Fördermöglichkeiten des § 10a EStG und des § 3 Nr. 63 EStG existieren parallel nebeneinander, so dass sie von Förderberechtigten auch nebeneinander (betriebliche Altersvorsorge plus Riester-Vertrag) in Anspruch genommen werden können. Daher findet sich die Riester-Förderung eher zusätzlich zur betrieblichen Altersvorsorge in privat finanzierten Verträgen.

Analog zur Förderung nach § 3 Nr. 63 EStG unterliegen die Leistungen aus Riester-Verträgen der vollen nachgelagerten Besteuerung (§ 22 Nr. 5 EStG) (Tab. 3.6).

3.1.6.4 Steuerliche Behandlung bei Übernahme/Übertragung

Soweit es sich um eine Übernahme im Sinne des § 4 Abs. 2 Nr. 1 BetrAVG handelt, entsteht keine Steuerpflicht. Voraussetzung für die Entstehung von steuerpflichtigen Einkünften ist dem Zuflussprinzip zufolge, dass dem Arbeitnehmer die fraglichen Leistungen zugeflossen sind. Das heißt, dass er darüber verfügen kann. Dies

Tab. 3.5 Maximale Zulagenförderung nach § 10a EStG (ab 2018)

Grundzulage für Ledige	Grundzulage für Verheiratete	Kinderzulage
175 €	350 €	185 € für Geburten bis 31.12.2007
+200 € Berufseinsteigerbonus für unter 25-Jährige	+200 € Berufseinsteigerbonus für unter 25-Jährige	300 € für Geburten ab 01.01.2008

Tab. 3.6 Zusage nach § 10a EStG

Ansparphase	Leistungsphase
Beiträge bis 8 % der BBG (GRV West) steuerbegünstigt (Zulagenförderung plus Sonderausgabenabzug nach § 10a EStG) maximale Zulagenhöhe bei 4 % des Vorjahreseinkommens, mindestens 60 € p. a.	Renten und Kapitalleistungen voll steuerpflichtig (§ 22 Nr. 5 EStG)

Tab. 3.7 Steuerliche Behandlung bei Übernahme/Übertragung

Übernahme	Übertragung
Kein Einkommenszufluss i. S. d. Steuerrechts	Steuerpflichtiger Einkommenszufluss, aber steuerfrei nach § 3 Nr. 55 EStG

ist jedoch im Fall der Übernahme durch einen Folgearbeitgeber nicht gegeben (Tab. 3.7).

Soweit es sich um eine Übertragung (freiwillig oder verpflichtend) im Sinne des § 4 Abs. 2 Nr. 2, Abs. 3 BetrAVG handelt, entsteht grundsätzlich ein steuerpflichtiger Zufluss in Höhe des Übertragungswertes. Der Zufluss wird jedoch nach § 3 Nr. 55 EStG steuerfrei gestellt.

3.1.6.5 Steuerliche Behandlung beim Arbeitgeber

Eine direkte Steuerersparnis aus den Beiträgen zu einer betrieblichen Altersvorsorge ergibt sich für den Arbeitgeber nicht, da die begünstigte Lohnsteuer wirtschaftlich vom Arbeitnehmer zu tragen ist. Dies gilt unabhängig davon, welcher Förderweg gewählt wurde.

Einzig für rein arbeitgeberfinanzierte Zusagen für „Geringverdiener", deren Einkommen monatlich 2200 € nicht überschreitet, bekommt der Arbeitgeber einen Teil der Beiträge über die Lohnsteuer erstattet, wenn dieser mindestens 240 und maximal 480 € pro Jahr in einem versicherungsförmigen Durchführungsweg aufwendet. Hier erhält er 30 %, maximal 144 € je Mitarbeiter als Lohnsteuererstattung (Förderbetrag für Geringverdiener).

Aber die Beiträge, die ein Arbeitgeber zusätzlich für eine betriebliche Altersvorsorge seiner Arbeitnehmer aufwendet, sind analog zu den anderen Entgeltbestandteilen Betriebsausgaben. Diese mindern den zu versteuernden Unternehmensgewinn und wirken sich so steuermindernd aus. Soweit also zusätzliche Arbeitgeberbeiträge gezahlt werden, ergibt sich eine zusätzliche Steuerersparnis bei den Betriebssteuern. Die Behandlung von Beiträgen und Zuwendungen im Rahmen der versicherungsförmigen Durchführungswege regeln die §§ 4b ff. EStG (Tab. 3.8).

Tab. 3.8 Steuerliche Behandlung beim Arbeitgeber

Ansparphase	Leistungsphase
Beiträge sind Betriebsausgaben	Grundsätzlich keine Bilanzberührung
Soweit zusätzliche Arbeitgeberbeiträge	Aber: Bilanzierung wenn
gezahlt werden ergibt sich eine	Versorgungsträger nicht leistet
Steuerersparnis	(Subsidiärhaftung)
Erstattung von 30 %, maximal 144 € für	
Beiträge zu einer bAV für Geringverdiener.	
Bilanzierung nur soweit Bezugsrecht besteht,	
bzw. bei Beleihung/Abtretung ohne	
Sicherstellungserklärung	

Eine Bilanzierung der Versorgungen kommt nur in Ausnahmefällen in Betracht. Regelmäßig sind die Verträge nicht dem Betriebsvermögen zuzurechnen und daher in der Bilanz nicht ausweispflichtig. Eine Bilanzierungspflicht besteht z. B. für Direktversicherungen, die ohne Sicherstellungserklärung beliehen oder abgetreten worden sind (§ 4c EStG) oder für Verträge, an denen der Arbeitgeber ein (teilweises) Bezugsrecht, zum Beispiel nach dem Widerruf einer arbeitgeberfinanzierten Anwartschaft. Soweit ein Bezugsrecht besteht, ist dies in entsprechender Höhe als Forderung zu aktivieren.

In der Leistungsphase werden steuerliche Belange des Unternehmens grundsätzlich nicht berührt, da der Versorgungsberechtigte die Leistungen direkt vom externen Versorgungsträger erhält. Erst wenn dieser nicht im Stande ist, die zugesagten Leistungen zu erbringen und der Arbeitgeber einstehen muss, kommt es zu einer Bilanzberührung (Passivierung einer entsprechenden Rückstellung/Verbindlichkeit) mit den entsprechenden Auswirkungen auf den Unternehmensgewinn (zur Bilanzierung siehe Exkurs Grundzüge der Bilanzierung).

3.1.7 Sozialversicherungsrechtliche Behandlung von Beiträgen und Leistungen

Bei der sozialversicherungsrechtlichen Beurteilung ist ebenso wie bei der steuerlichen Beurteilung davon auszugehen, dass die geleisteten Beiträge zum Arbeitsentgelt (bei sozialversicherungspflichtigen Beschäftigungsverhältnissen also zum sozialversicherungspflichtigen Arbeitslohn) gehören. Damit unterliegen Beiträge zu Direktversicherungen, Pensionskassen und Pensionsfonds grundsätzlich der Sozialversicherungspflicht. Ausnahmen hiervon sind nur Entgelte, die nicht der Sozialversicherungspflicht unterliegen, beziehungsweise für die besondere Regelungen gelten. Liegt das Einkommen zum Beispiel bereits ganz oder teilweise oberhalb der Beitragsbemessungsgrenzen von gesetzlicher Renten- und Krankenversicherung, ist der hiervon entrichtete Beitrag nie sozialversicherungspflichtig gewesen und wird dies auch nicht im Rahmen einer betrieblichen Altersvorsorge.

Auch bei der Sozialversicherungspflicht ist entscheidend, auf welchem Recht die ursprüngliche Zusage beruht, und zwischen den Zusagen nach § 40b EStG und den Zusagen nach § 3 Nr. 63 EStG zu differenzieren.

3.1.7.1 Zusagen nach § 40b EStG a. F.

In der Ansparphase ist zunächst zwischen arbeitgeber- und arbeitnehmerfinanzierten Versorgungen zu unterscheiden. Soweit die Zusage arbeitgeberfinanziert ist, sind die Beiträge stets sozialabgabenfrei. Soweit die Versorgung arbeitnehmerfinanziert ist (Entgeltumwandlung), sind die Beiträge sozialabgabenfrei wenn sie aus Sonderzahlungen wie z. B. Urlaubs- oder Weihnachtsgeld finanziert werden und eine Zahlung maximal zweimal im Jahr vorgesehen ist. Soweit die Beitragszahlung mehr als zweimal pro Jahr erfolgt sind werden Beiträge aus arbeitnehmerfinanzierten Versorgungen sozialversicherungspflichtig (Ausnahme: Einkommen oberhalb BBG; siehe oben).

In der Leistungsphase ist zwischen Renten- und Kapitalzahlungen zu unterscheiden. Rentenleistungen werden nach den §§ 229 und 248 SGB V voll zur Beitragsbemessung in der Krankenversicherung der Rentner (KVdR) herangezogen. Das bedeutet, die gesamte Rente unterliegt der Sozialversicherungspflicht.

Bei Kapitalleistungen wird der 120ste Teil für die nächsten zehn Jahre nach Zufluss zur Verbeitragung in der KVdR herangezogen. Das bedeutet: Erhält ein Rentner mit 67 Jahren einer Kapitalzahlung in Höhe von 120.000 €, werden ihm bis zum 77. Lebensjahr jeden Monat 1000 € zu seinen übrigen Einkünften hinzugerechnet und zur Beitragsbemessung herangezogen (Tab. 3.9).

Tab. 3.9 Zusage nach § 40b EStG a. F.

Ansparphase	Leistungsphase
Arbeitgeberfinanziert: pauschal besteuerte Beiträge sind sozialabgabenfrei Arbeitnehmerfinanziert: pauschal besteuerte Beiträge aus Sonderzahlungen (max. zweimal pro Jahr) sind sozialabgabenfrei	Rentenleistungen unterliegen nach Abzug des Freibetrages i.H.v. 159 Euro voll der Beitragspflicht in der KVdR (§§ 229 und 248 SGB V) Kapitalleistungen werden mit 1/120 für 10 Jahre zur Verbeitragung in der KVdR herangezogen

3.1.7.2 Zusagen nach § 3 Nr. 63 EStG

Beiträge zu Direktversicherungen, Pensionskassen oder Pensionsfonds, die nach § 3 Nr. 63 EStG steuerlich begünstigt sind, sind sozialabgabenfrei, soweit sie 4 % der BBG GRV West nicht überschreiten. Zusätzlich gezahlte Beträge sind dagegen in vollem Umfang sozialabgabenpflichtig (Ausnahme: Einkommen oberhalb BBG; siehe oben) (Tab. 3.10).

Die Leistungen aus solchen Versorgungen sind analog zu den Zusagen nach § 40b EStG a. F. in vollem Umfang sozialabgabenpflichtig und werden für die Beitragsbemessung in der KVdR herangezogen. Bei Kapitalleistungen geschieht dies nach dem oben beschriebenen Verfahren (1/120stel für 10 Jahre).

3.1.7.3 Zusagen nach § 10a EStG (Riester)

Da die Beiträge bei der Zulagenförderung aus dem Nettoeinkommen gezahlt werden, unterliegen sie auch der vollen Sozialversicherungspflicht. Eine Begünstigung findet bei diesem Förderweg nicht statt.

In der Leistungsphase fallen jedoch keine Sozialversicherungsbeiträge mehr an. Beitragsrechtlich werden betriebliche Riester-Verträge damit ab dem Jahr 2018 wie private Rentenversicherungen behandelt (Tab. 3.11).

3.1.7.4 Sozialversicherungsrechtliche Behandlung beim Arbeitgeber

Die für Arbeitnehmer geltende Sozialversicherungsfreiheit für bestimmte Beiträge gilt analog (und unabhängig vom Förderweg) auch für den Arbeitgeberbeitrag zur Sozialversicherung, so das sich beim Arbeitgeber eine Ersparnis in Höhe der auf

Tab. 3.10 Zusage nach § 3 Nr. 63 EStG

Ansparphase	Leistungsphase
Beiträge bis zu 4 % der BBG GRV West sozialabgabenfrei	Rentenleistungen unterliegen nach Abzug des Freibetrages i.H.v. 159 Euro voll der
Zusätzliche Beträge sozialabgabenpflichtig (soweit Einkommen unterhalb der BBG GRV und GKV)	Beitragspflicht in der KVdR (§§ 229 und 248 SGB V)
	Kapitalleistungen werden mit 1/120 für 10 Jahre zur Verbeitragung in der KVdR herangezogen

Tab. 3.11 Zusage nach § 10a EStG

Ansparphase	Leistungsphase
Beiträge sind voll sozialversicherungspflichtig	Keine Beitragspflicht in der KVdR

die geleisteten Beiträge entfallenden Sozialversicherungsbeiträge ergibt (Ausnahme: Förderung nach § 10a EStG). Durch die Pflicht zur Weitergabe in Höhe von 15 % tendiert die tatsächliche Ersparnis beim Arbeitgeber zukünftig jedoch gegen Null.

> **Beispiele**
>
> Die nachfolgenden Beispiele zeigen die Steuer- und Sozialversicherungsersparnis bei Entgeltumwandlung in den versicherungsförmigen Durchführungswegen. Je höher das Einkommen mit Steuern und Sozialversicherungsbeiträgen belastet ist, desto größer ist die Ersparnis bei einer Entgeltumwandlung (Steuer- und Sozialversicherungswerte 2020). ◄

Mann, verheiratet, ein Kind, Ehegatte ohne Einkommen, Steuerklasse III, siehe Tab. 3.12.

Mann, ledig, keine Kinder, Steuerklasse I, siehe Tab. 3.13.

Tab. 3.12 Entgeltumwandlung statt privat finanzierter Rente

	Entgeltumwandlung	Private Rente
Bruttoeinkommen	2600 €	2600 €
Sparbeitrag	100 €	
Gesamtbrutto	2500 €	2600 €
Lohnsteuer	−76,50 €	−95,00 €
Sozialversicherung	−496,88 €	−516,75 €
Private Rentenversicherung		100 €
Nettoeinkommen	1926,62 €	−1888,25 €
Eigenaufwand Netto	61,63 €	100 €

Tab. 3.13 Entgeltumwandlung statt privat finanzierter Rente

	Entgeltumwandlung	Private Rente
Bruttoeinkommen	2600 €	2600 €
Sparbeitrag	100 €	
Gesamtbrutto	2500 €	2600 €
Lohnsteuer	−309,82 €	−334,87 €
Sozialversicherung	−503,13 €	−523,25 €
Private Rentenversicherung		100 €
Nettoeinkommen	1687,05 €	1641,88 €
Eigenaufwand Netto	54,83 €	100 €

Nicht berücksichtigt wurde in den Beispielrechnungen der Arbeitgeberzuschuss (siehe Kap. 1.3.8). Insoweit reduziert sich der Nettoaufwand auf der linken Tabellenseite noch um diesen Betrag.

Exkurs: Grundzüge der Bilanzierung

Wie bereits beschrieben wurde, sind Direktzusagen auf Leistungen der betrieblichen Altersvorsorge immer in der Bilanz des zusagenden Unternehmens auszuweisen. Unter bestimmten Voraussetzungen kann es aber auch bei den anderen Durchführungswegen zu einer Berührung der Bilanz kommen (siehe entsprechende Kapitel zu den einzelnen Durchführungswegen).

Zum Verständnis der konkreten Auswirkungen, insbesondere auf den Gewinn des Unternehmens und damit die steuerlichen Auswirkungen der Bilanzierungspflicht von Versorgungszusagen, ist es notwendig die Grundprinzipien der Bilanzierung zu verstehen.

Handelsbilanz

Aus der laufenden Buchführung wird zum Schluss eines Geschäftsjahres (in der Regel zum Ende des Kalenderjahres) die Bilanz aufgestellt.

Zweck ist es, die Vermögensverhältnisse des Unternehmens vollständig, klar und übersichtlich darzustellen (§§ 242 ff. HGB). Dies geschieht durch eine Gegenüberstellung aller Vermögensgegenstände (Aktiva) und Schulden (Passiva) des Unternehmens.

Wobei Veränderungen durch Ein- oder Auszahlungen und Zu- oder Abgänge im Laufe des Geschäftsjahres zu einer Veränderung des Wertes der Vermögensgegenstände und Schulden in der Bilanz führen. Der Hauptzweck dieser Vermögensaufstellung besteht neben der Gewinnermittlung im Wesentlichen in der Bereitstellung von Informationen. Tab. 3.14 zeigt ein einfaches Bilanzschema.

Steuerbilanz

Für steuerliche Zwecke erfolgt die Aufstellung der so genannten Steuerbilanz nach § 4 Abs. 1 EStG. Analog zur Handelsbilanz werden die Vermögensverhältnisse

Tab. 3.14 Einfaches Bilanzschema

AKTIVA	In €	In €	PASSIVA
Anlagen und Gebäude	300.000	150.000	Eigenkapital
Rohstoffe	100.000	20.000	Rücklagen
Forderungen	30.000	30.000	Verbindlichkeiten
Kasse	5000	235.000	Gewinn
Bilanzsumme	**435.000**	**435.000**	**Bilanzsumme**

durch Gegenüberstellung von positiven (Vermögensgegenstände) und negativen Wirtschaftsgütern (Schulden) dargestellt und so der Unternehmensgewinn ermittelt. Hauptzweck dieser Bilanz ist somit die Ermittlung des für die Besteuerung maßgeblichen Unternehmensgewinns.

Gewinnermittlung
Der Unternehmensgewinn am Ende des Geschäftsjahres ergibt sich dabei aus der Differenz von Vermögensgegenständen und Schulden (positiven und negativen Wirtschaftsgütern), beziehungsweise deren Wertveränderung im abgelaufenen Geschäftsjahr. Wobei Aktivposten den Gewinn erhöhen und Passivposten den Gewinn mindern.

Rückstellungen
Auf der Passivseite der Bilanz sind neben den Schulden auch die so genannten Rückstellungen auszuweisen (§ 249 HGB, § 5 EStG).

Damit gehören Rückstellungen im weiteren Sinn zu den Schulden des Unternehmens. Im Gegensatz zu „echten" Schulden handelt es sich aber bei Rückstellungen um Verpflichtungen, bei denen ungewiss ist wann und/oder in welcher Höhe sie eintreten werden. Und genau dies ist bei Pensionsverpflichtungen der Fall. Im Zeitpunkt der Zusage ist weder die Gesamthöhe der Versorgung, noch der Zeitpunkt des Eintritts des Versorgungsfalls bekannt. Daher werden Pensionsverpflichtungen mit Hilfe so genannter Pensionsrückstellungen in der Bilanz ausgewiesen (Tab. 3.15).

> **Rückstellung**
> Passivposten in der Bilanz, der die Verpflichtung des Unternehmens auf eine zukünftig zu leistende Zahlung abbildet, wobei die genaue Höhe und/oder der genaue Zahlungszeitpunkt noch unbekannt sind.

Tab. 3.15 Bilanzschema mit Rückstellungsposition

AKTIVA	In €	In €	PASSIVA
Anlagen und Gebäude	300.000	150.000	Eigenkapital
Rohstoffe	100.000	20.000	Rücklagen
Forderungen	30.000	30.000	Verbindlichkeiten
Kasse	5000	50.000	Rückstellungen
		185.000	Gewinn
Bilanzsumme	**435.000**	**435.000**	**Bilanzsumme**

Der Ansatz von Rückstellungen in der Bilanz mindert in der Folge den Gewinn des Unternehmens und damit auch die Steuerlast. Die folgende Abbildung zeigt das Bilanzschema von oben mit einer zusätzlichen Rückstellungsposition. Bei sonst unveränderten Summen hat sich der Gewinn des Unternehmens vermindert.

Forderungen

Auf der Aktivseite sind neben den „echten" Vermögensgegenständen auch die so genannten Forderungen auszuweisen. Forderungen sind gewissermaßen das Gegenstück zu den Schulden auf der Aktivseite.

Forderung

Aktivposten in der Bilanz, der die zukünftige Zahlungsverpflichtung eines Dritten gegenüber dem Unternehmen abbildet.

Wohingegen Schulden die Zahlungsverpflichtung an einen Dritten ausweisen, weisen Forderungen die Zahlungsverpflichtung eines Dritten an das Unternehmen aus. Eine Forderung ist demnach eine bestehende Zahlungsverpflichtung gegenüber dem Unternehmen, wobei im Gegensatz zu „echten" Vermögensgegenständen die tatsächliche (Ein-)Zahlung erst zu einem späteren Zeitpunkt in der Zukunft erfolgt. Und genau diese Voraussetzungen werden vom Bezugsrecht einer (Rückdeckungs-)Versicherung erfüllt. Daher sind Bezugsrechte als Forderung in der Bilanz auszuweisen (Tab. 3.16).

Obwohl also der eigentliche Wertzufluss noch nicht erfolgt ist, werden diese Posten analog zu den Schulden, bei der Gewinnermittlung berücksichtigt. Der Ansatz von Forderungen in der Bilanz erhöht in der Folge den Unternehmensgewinn und damit auch die Steuerlast. Die vorstehende Tabelle zeigt das Bilanzschema von oben mit einer wertmäßig höheren Forderungsposition. Zu sehen ist, dass sich mit der Erhöhung der Forderung die Bilanzsumme und der Gewinn erhöht haben.

Tab. 3.16 Bilanzschema mit höherer Forderungsposition

AKTIVA	In €	In €	PASSIVA
Anlagen und Gebäude	300.000	150.000	Eigenkapital
Rohstoffe	100.000	20.000	Rücklagen
Forderungen	50.000	30.000	Verbindlichkeiten
Kasse	5000	50.000	Rückstellungen
		205.000	Gewinn
Bilanzsumme	**455.000**	**455.000**	**Bilanzsumme**

3.2   Nicht-versicherungsförmige Durchführungswege

3.2.1   Unterstützungskasse

Unterstützungskassen sind rechtlich selbständige Einrichtungen in der Rechtsform eines eingetragenen Vereines (e. V.), einer GmbH oder einer Stiftung, die von einem (Einzelkassen) oder mehreren (Konzern- oder Gruppenkassen)-Unternehmen zur Finanzierung von Leistungen der betrieblichen Altersvorsorge eingerichtet werden. Im Versorgungsfall erbringen sie Renten- oder Kapitalleistungen für die Fälle des § 1 BetrAVG. Unterstützungskassen können rückgedeckt oder pauschal dotiert finanziert werden.

3.2.1.1 Pauschal dotierte Unterstützungskasse

Rechtsbeziehung
Von der Funktionsweise her ist die pauschal dotierte Unterstützungskassenversorgung den versicherungsförmigen Durchführungswegen sehr ähnlich.

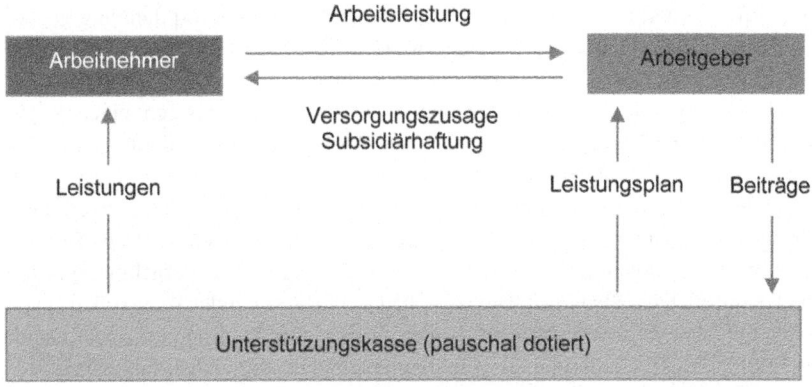

Der Arbeitgeber erteilt dem Arbeitnehmer eine Zusage auf betriebliche Altersvorsorge und wendet hierfür Beiträge an den externen Versorgungsträger – die Unterstützungskasse – auf. Im Gegenzug erhält der Arbeitgeber einen so genannten Leistungsplan von der Unterstützungskasse. Im Leistungsfall zahlt diese die zugesagten Leistungen direkt an den Versorgungsberechtigten oder seine Hinterbliebenen aus.

Im Gegensatz zu den versicherungsförmigen Durchführungswegen hat der Arbeitnehmer aber keinen direkten Rechtsanspruch (Bezugsrecht auf die Leistungen) gegenüber der Unterstützungskasse, sondern immer nur gegenüber dem zusagenden Arbeitgeber.

Finanzierung

Der größte Unterschied zu den versicherungsförmigen Durchführungswegen besteht in der Finanzierung. Die Finanzierung erfolgt hier durch Zuwendungen des Arbeitgebers an die Unterstützungskasse. Dabei werden jedoch keinerlei biometrischen Risiken für die Versorgungsleistungen berücksichtigt.

Dies allein stellt schon ein erhebliches Risiko für den Arbeitgeber dar. Verschärft wird dieses Risiko aber noch durch die Tatsache, dass es nicht möglich ist Anwartschaften und laufende Renten vollständig auszufinanzieren, da die Höhe der Zuwendungen an die Unterstützungskasse begrenzt ist. So ist das Kassenvermögen für Anwärter beispielsweise auf zwei Jahresrenten begrenzt.

Insgesamt ist diese Form der Finanzierung einer betrieblichen Altersvorsorge daher nicht empfehlenswert.

3.2.1.2 Rückgedeckte Unterstützungskasse

Rechtsbeziehung

Vom Grundsatz her ist die Funktionsweise mit der pauschal dotierten Unterstützungskasse identisch. Bei der rückgedeckten Variante kommt aber eine weitere Rechtsbeziehung hinzu. Die Unterstützungskasse schließt zur Ausfinanzierung der Versorgungsleistungen eine entsprechende Rückdeckungsversicherung ab und zahlt hierfür Beiträge. Im Leistungsfall erhält sie von der Rückdeckungsversicherung die entsprechenden Leistungen und zahlt diese an den Versorgungsberechtigten aus. Der Arbeitnehmer erhält an der Rückdeckungsversicherung ein Pfandrecht.

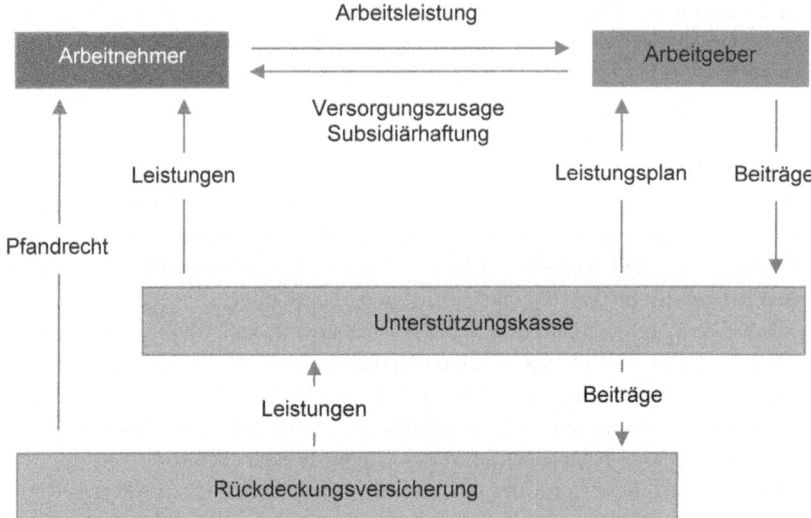

Entsprechen die Leistungen der Rückdeckungsversicherung jederzeit den zugesagten Leistungen der Unterstützungskasse, spricht man von einer kongruenten Rückdeckung.

Finanzierung
Auch hier werden bei der Unterstützungskasse selbst keinerlei biometrische Risiken berücksichtigt. Dies geschieht aber im Unterschied zur pauschal dotierten Variante durch den Abschluss einer kongruenten Rückdeckungsversicherung. Dadurch wird sichergestellt, dass alle Anwartschaften und laufenden Rentenleistungen zu jeder Zeit vollständig ausfinanziert sind. Das dem Arbeitnehmer eingeräumte Pfandrecht an der Rückdeckungsversicherung stellt neben der gesetzlichen Insolvenzsicherung (PSV a. G.; siehe Abschn. 1.3.5) einen zusätzlichen Insolvenzschutz dar.

Rückdeckungsversicherung
Bei der Rückdeckungsversicherung handelt es sich um eine normale Renten- oder Lebensversicherung, die für den Versorgungsfall die vom Arbeitgeber zugesagten Leistungen vorsieht.

Steuerliche Behandlung beim Arbeitgeber

Die Zuwendungen an Unterstützungskassen können unter bestimmten Voraussetzungen als Betriebsausgaben angesetzt werden und mindern so den Gewinn des Unternehmens (Tab. 3.17). Zuwendungen für unverfallbare Anwartschaften unterliegen dabei keinen Beschränkungen. Für verfallbare Anwartschaften gelten folgende Altersgrenzen für Anwärter:

- 30 Jahre bei Zusagen bis 31.12.2000.
- 28 Jahre bei Zusagen ab 01.01.2001.
- 27 Jahre bei Zusagen ab 01.01.2009.

Sind die Altersgrenzen noch nicht überschritten, können Zuwendungen als Betriebsausgaben nur geltend gemacht werden, wenn diese zur Finanzierung von Invaliditäts- oder Todesfallleistungen verwendet werden.

Die Bilanz des Unternehmens wird bei der Unterstützungskassenversorgung regelmäßig nicht berührt. Einzige Ausnahme ist, soweit bei der Kasse eine Unterdeckung besteht, ist dies im Anhang der Handelsbilanz auszuweisen.

Gewinn- und steuermindernd wirken sich beim Arbeitgeber damit nur die Zuwendungen an die Unterstützungskasse aus, soweit sie Betriebsausgaben sind.

3.2.2 Direktzusage

Rechtsbeziehung

Die Direkt- oder Pensionszusage ist der einzige Durchführungsweg, bei dem die Zusage unmittelbar erfolgt. Insoweit besteht nur eine zweiseitige Rechtsbeziehung zwischen Arbeitnehmer und Arbeitgeber. Der Arbeitgeber erteilt eine Zusage auf Leistungen der betrieblichen Altersvorsorge, finanziert diese selbst und zahlt die Leistungen im Versorgungsfall direkt an den Versorgungsberechtigten. Verwaltungsaufwand und Risiko für den Arbeitgeber sind bei diesem Durchführungsweg entsprechend hoch.

Tab. 3.17 Steuerliche Behandlung beim Arbeitgeber

Ansparphase	Leistungsphase
Zuwendungen sind unter bestimmten Voraussetzungen Betriebsausgaben	Regelmäßig keine steuerlichen Auswirkungen
Bei Unterdeckung bei der Unterstützungskasse: Ausweispflicht im Anhang	Ausnahme: Unterstützungskasse kann nicht leisten; dann Passivierung

Arbeitsleistung

Arbeitnehmer → Arbeitgeber

Versorgungszusage
Leistungen
Rechtsanspruch
Haftung

Finanzierung
Die Direktzusage wird vom zusagenden Unternehmen aus eigenen Mitteln über die Bildung so genannter Pensionsrückstellungen in der Bilanz finanziert. Dies birgt analog zur Unterstützungskassenversorgung ein erhebliches finanzielles Risiko für den Arbeitgeber.

Rückdeckungsversicherung
Aber auch hier besteht die Möglichkeit, eine kongruente Rückdeckungsversicherung zur Ausfinanzierung der Versorgungsleistungen abzuschließen. Damit können biometrische Risiken angemessen berücksichtigt werden und es steht im Idealfall zu jedem Zeitpunkt das zur Erfüllung der Versorgungsverpflichtungen notwendige Kapital zur Verfügung.

Analog zur Unterstützungskassenversorgung ist eine Direktzusage ohne kongruente Rückdeckung nicht empfehlenswert.

3.2.2.1 Pensionsrückstellungen (§ 6a EStG)

Der Gesetzgeber hat die Bildung von Pensionsrückstellungen an bestimmte Voraussetzungen geknüpft. Damit soll verhindert werden, das Unternehmen willkürlich Rückstellungen bilden, um ihre Steuerlast zu verringern. Die Beurteilung, ob und in welcher Höhe Pensionsrückstellungen gebildet werden können (müssen), erfolgt in der Praxis durch Steuerberater und/oder Wirtschaftsprüfer. An dieser Stelle kann eine genaue Erörterung der Ansatzvoraussetzungen und der Wertermittlung somit unterbleiben. Der Vollständigkeit halber seien sie im Folgenden aber kurz erwähnt. Voraussetzungen für den Ansatz von Pensionsrückstellungen in der Steuerbilanz sind:

- Der Arbeitnehmer erhält einen Rechtsanspruch auf die zugesagten Leistungen.
- Die Zusage muss durch den Arbeitgeber schriftlich erfolgen.
- Die in Aussicht gestellten Leistungen müssen nach Art, Form, Voraussetzungen und Höhe eindeutig benannt sein.
- Die Zusage darf keinen schädlichen Widerrufsvorbehalt enthalten.

- Zukünftige Gehaltsentwicklungen dürfen nicht vorweggenommen werden, d. h. ein bestimmtes Versorgungsniveau (gemessen am aktuellen Gehaltsniveau) darf nicht überschritten werden.
- Mindestalter von 27 Jahren des Versorgungsberechtigten bei erstmaliger Rückstellungsbildung.

Der Höhe nach sind Pensionsverpflichtungen mit dem Teilwert anzusetzen. Der Teilwert ist hier vergleichbar mit dem Zeitwert einer Rentenversicherung. Dabei baut sich die Rückstellung Jahr für Jahr der Anwartschaft auf und erreicht mit Erreichen des Pensionsalters den vollen Barwert der Zusage. Vergleichbar ist der Barwert hier mit dem Einmalbeitrag zu einer sofort beginnenden Rentenversicherung.

Der Ansatz in der Handelsbilanz erfolgt nach einem ähnlichen Schema, aber auch hier kann, wegen der Zuständigkeit von Steuerberatern und Wirtschaftsprüfern, eine genaue Erörterung unterbleiben.

Für die Entscheidung ob und in welcher Art eine betriebliche Altersvorsorge im Unternehmen durchgeführt werden soll, sind die generellen Auswirkungen beim Arbeitgeber ausschlaggebend.

3.2.2.2 Steuerliche Behandlung beim Arbeitgeber

Durch die Bildung von Pensionsrückstellungen werden der Gewinn und damit auch die Steuerlast des Unternehmens gemindert. Da der Wert der Rückstellungen von Jahr zu Jahr ansteigt, ergibt sich somit für jedes Jahr der Anwartschaftsphase eine entsprechende Gewinnminderung aus dem Bilanzgewinn.

In der Leistungsphase werden die gebildeten Rückstellungen sukzessive gewinnerhöhend aufgelöst und die Leistungen an den Arbeitnehmer ausgezahlt. Da der gewinnerhöhenden Rückstellungsauflösung aber Auszahlungen in gleicher Höhe gegenüber stehen, ist dieser Vorgang gewinn- und steuerneutral.

Ist für die Pensionsverpflichtung eine Rückdeckungsversicherung abgeschlossen worden, so ist diese in Höhe des Wertes des Bezugsrechts in der Bilanz als Forderung zu aktivieren. Sie steht damit der gewinnmindernden Wirkung der Rückstellung entgegen. Die Beiträge zur Rückdeckungsversicherung ihrerseits stellen aber Betriebsausgaben dar und können im Jahr der Zahlung gewinnmindernd angesetzt werden. Somit entsteht auch bei Abschluss einer Rückdeckungsversicherung eine gewinnmindernde Wirkung (Tab. 3.18).

In der Leistungsphase werden die Leistungen von der Rückdeckungsversicherung an den Arbeitgeber gezahlt, der die Zahlungen gewinnerhöhend vereinnahmt. Im Gegenzug verringert sich der Wert des als Forderung aktivierten Bezugsrechts, so dass dieser Vorgang gewinn- und steuerneutral ist. Die Zahlung der Leistungen an den Arbeitnehmer „gegen" Auflösung der Pensionsrückstellungen erfolgt analog zu oben und ist damit ebenfalls gewinn- und steuerneutral.

Tab. 3.18 Steuerliche Behandlung beim Arbeitgeber

Ansparphase	Leistungsphase
Bildung von Pensionsrückstellungen soweit die Voraussetzungen erfüllt sind	Steuerneutral soweit Rückstellungen und Rückdeckungsversicherung mit der
Bei Rückdeckungsversicherung zusätzlich: Beiträge sind Betriebsausgaben; Aktivierung des Bezugsrechts an der Rückdeckungsversicherung	Zahlungsverpflichtung übereinstimmen

3.2.2.3 Steuerliche Behandlung beim Arbeitnehmer

Die steuerliche Behandlung der Beiträge und Leistungen aus den nichtversicherungsförmigen Durchführungswegen Unterstützungskasse und Direktzusage ist identisch.

Beiden gemeinsam ist, dass es sich bei den Beiträgen in der Anwartschaftsphase nicht wie bei den versicherungsförmigen Durchführungswegen um steuerpflichtiges Entgelt handelt. Daraus folgt, dass die Beiträge hier in unbegrenzter Höhe steuerfrei sind. Dies ist gleichzeitig der wesentliche Vorteil bei solchen Zusagen. Insbesondere bei Arbeitnehmern mit sehr hohem Einkommen bietet sich nur mit Hilfe dieser Durchführungswege die Möglichkeit, eine angemessen hohe Altersversorgung aufzubauen (siehe auch Kap. 5).

Die Steuerfreiheit ergibt sich dabei aus dem Zuflussprinzip. Die Beiträge und Zuwendungen gelten hier erst mit Zahlung der zugesagten Leistungen als zugeflossen und unterliegen daher auch erst dann der Besteuerung (§ 11 EStG).

In der Leistungsphase unterliegen Renten und Kapitalleistungen folglich der vollen Besteuerung mit dem individuellen Steuersatz. Da in der Rentenbezugsphase der Steuersatz jedoch regelmäßig niedriger ist als in der Phase mit Arbeitseinkommen, ergibt sich schon allein hieraus eine Steuerersparnis.

Bei Kapitalleistungen kann unter bestimmten Voraussetzungen die Steuerbegünstigung des § 34 Abs. 1 EStG (die so genannte Fünftelungsregelung) in Anspruch genommen werden (Tab. 3.19).

3.2.2.4 Sozialversicherungsrechtliche Behandlung beim Arbeitnehmer

Bei der sozialversicherungsrechtlichen Beurteilung ist in der Ansparphase zwischen arbeitgeber- und arbeitnehmerfinanzierten Zusagen zu unterscheiden.

Werden die Beiträge arbeitgeberfinanziert, sind sie in unbegrenzter Höhe sozialabgabenfrei. Werden die Beiträge durch den Arbeitnehmer finanziert, sind sie analog zu den versicherungsförmigen Durchführungswegen bis zu einer Grenze von 4 % der Beitragsbemessungsgrenze in der gesetzlichen Rentenversicherung

Tab. 3.19 Steuerliche Behandlung beim Arbeitnehmer

Ansparphase	Leistungsphase
Beiträge und Zuwendungen sind in unbegrenztem Umfang steuerfrei	Renten- und Kapitalleistungen unterliegen der vollen Besteuerung nach § 19 Abs. 1 EStG (nachträgliches Einkommen aus nichtselbständiger Arbeit) Für Kapitalleistungen kann die Fünftelungsregelung des § 34 Abs. 1 EStG in Anspruch genommen werden

Tab. 3.20 Sozialversicherungsrechtliche Behandlung beim Arbeitnehmer

Ansparphase	Leistungsphase
Arbeitgeberfinanzierte Beiträge und Zuwendungen sind in unbegrenztem Umfang sozialabgabenfrei Arbeitnehmerfinanzierte Beiträge sind bis zu 4 % der BBG GRV West sozialabgabenpflichtig, darüber hinaus gehende Beiträge sind voll sozialabgabenpflichtig	Rentenleistungen unterliegen nach Abzug des Freibetrages i.H.v. 159 Euro voll der Beitragspflicht in der KVdR (§§ 229 und 248 SGB V) Kapitalleistungen werden mit 1/120 für 10 Jahre zur Verbeitragung in der KVdR herangezogen

West (BBG GRV West) sozialabgabenfrei. Darüber hinaus gehende Beträge unterliegen dann wieder der Abgabenpflicht.

In der Leistungsphase stellt sich die Situation analog zu den versicherungsförmigen Durchführungswegen dar. Rentenleistungen werden in vollem Umfang zur Beitragsbemessung in der Krankenversicherung der Rentner (KVdR) herangezogen. Kapitalleistungen werden mit dem 120sten Teil für zehn Jahre zur Verbeitragung herangezogen (siehe auch Abschn. 3.2 Nicht-versicherungsförmige Durchführungswege) (Tab. 3.20).

Zeitwertkonten

4

Zeitwertkonten sind ein personalpolitisches Instrument zur Flexibilisierung der individuellen Arbeitszeit und gehören damit streng genommen nicht zur betrieblichen Altersvorsorge. Entsprechend sind die gesetzlichen Regelungen nicht wie bei der betrieblichen Altersvorsorge im Betriebsrentengesetz verankert, sondern finden sich im vierten Buch des Sozialgesetzbuches (SGB IV).

Da Zeitwertkontenmodelle jedoch im weiteren Sinn ein Instrument der betrieblichen Vorsorge für Arbeitnehmer sind (insbesondere bei der Nutzung für eine individuelle Vorruhestandsregelung) und der Übergang zu einer betrieblichen Altersvorsorge möglich ist, ist eine Behandlung an dieser Stelle notwendig und sinnvoll.

4.1 Begriff und Definition

Zeitwertkonten sind Arbeitszeitkonten, auf denen Arbeitnehmer Wertguthaben ansparen, um es in einer späteren, teilweisen oder vollständigen Freistellungsphase während des Arbeitsverhältnisses ausbezahlt zu bekommen.

Dies ist zum Beispiel im Rahmen eines Sabbatical, einer vorübergehenden Teilzeitregelung oder einer individuellen Vorruhestandregelung möglich. Ausgeschlossen sind Zeitwertkonten hingegen soweit sie den Zweck haben, die werktägliche oder wöchentliche Arbeitszeit zu flexibilisieren oder Schwankungen in den betrieblichen Produktions- und/oder Arbeitszyklen auszugleichen. Damit ist durch den Gesetzgeber eine klare Abgrenzung zu den sonstigen Arbeitszeitmodellen getroffen worden, die gerade den Zweck haben die normale Arbeitszeit zu flexibilisieren und Schwankungen im Arbeitsaufkommen auszugleichen.

Steuerrechtlich wird dabei von Zeitwertkonten und sozialversicherungsrechtlich von Wertguthaben gesprochen. Inhaltlich sind beide Begriffe aber identisch. Analog zu einer herkömmlichen Entgeltumwandlung verzichtet der Arbeitnehmer also bei einem Teil seines Entgeltes auf die Auszahlung. Das so entstehende (Arbeitszeit-)Guthaben wird beim Arbeitgeber wertmäßig erfasst und für eine spätere Auszahlung angespart.

Zusätzlich zum Verzicht auf vertragliches Entgelt, kann das Zeitguthaben auch aus übervertraglich geleisteter Arbeitszeit (individuelle oder vereinbarte Mehrarbeit), oder aus dem Verzicht auf Urlaubstage entstehen.

Die Legaldefinition mit den entsprechenden Voraussetzungen für eine wirksame Wertguthabenvereinbarung findet sich im § 7b SGB IV.

Eine wirksame Wertguthabenvereinbarung liegt vor, wenn:

- die Vereinbarung schriftlich erfolgt,
- nicht das Ziel der Flexibilisierung der werktäglichen oder wöchentlichen Arbeitszeit oder des Ausgleichs betrieblicher Produktions- und/oder Arbeitszeitzyklen verfolgt wird,
- Arbeitsentgelt eingebracht wird, um es in einer späteren, teilweisen oder vollständigen Freistellungsphase zu nutzen,
- das aus dem Guthaben ausgezahlte Entgelt vor oder nach der Freistellungsphase durch Arbeitsleistung oder durch die Verringerung der Arbeitszeit erzielt wird und
- das aus dem Wertguthaben ausgezahlte Arbeitsentgelt 450 € monatlich übersteigt, es sei denn, es war bereits vor der Freistellung eine geringfügige Beschäftigung.

Somit ist die Einrichtung von Zeitwertkonten (im Gegensatz zu früheren Regelungen) auch für geringfügig beschäftigte Arbeitnehmer möglich (§ 8 Abs. 1 Nr. 1 SGB IV).

4.2   Führung und Verwaltung der Guthaben

Wie bereits in der Definition angedeutet, erfolgt der Aufbau des Guthabens durch Ansammlung geleisteter aber nicht bezahlter Stunden. Diese können sowohl auf vertraglich vereinbarter Arbeitszeit beruhen, als auch aus übervertraglich geleisteten Stunden und nicht genommenen Urlaubszeiten stammen. Ausschlaggebend ist, was im Einzelfall vertraglich vereinbart wurde, bzw. welche tarifvertraglichen Regelungen anzuwenden sind.

Führung

Die Führung des Guthabens erfolgt beim Arbeitgeber grundsätzlich in Geld, abweichend davon können nur in Bestandsfällen (§ 116 Abs. 1 SGB IV), weiterhin Zeitguthaben geführt werden.

Einstellungen

Die Einstellung der nicht vergüteten Zeiten in das Wertguthaben erfolgt in Höhe des auf diese Zeiten entfallenden Bruttoarbeitsentgeltes, inklusive der Arbeitgeberbeiträge zur Sozialversicherung (§ 7d Abs. 1 SGB IV). Bei geringfügigen Beschäftigungsverhältnissen ist entsprechend der Pauschalbeitrag zur Sozialversicherung mit in das Guthaben einzustellen. Maßgebend für die Höhe der Arbeitgeberbeiträge sind dabei die Beitragssätze zum Zeitpunkt der Einstellung in das Wertguthaben.

Eine Besonderheit betrifft Entgeltbestandteile, die oberhalb der Beitragsbemessungsgrenzen liegen, hier ist nach Auffassung der Sozialversicherungsträger ebenfalls ein entsprechender Arbeitgeberbeitrag zur Sozialversicherung mit in das Guthaben einzustellen.

Für Bestandsfälle, in denen das Guthaben weiterhin als Zeitguthaben geführt werden kann (§ 116 Abs. 1 SGB IV), gelten alle Arbeitszeiten als Guthaben, denen Arbeitsentgelt gemäß § 14 SGB IV zu Grunde liegt.

Werterhaltungsgarantie

Zum Zeitpunkt der Inanspruchnahme muss mindestens der Anlagebetrag, also der ursprüngliche Wert der eingebrachten Stunden, abzüglich der Kosten der Anlage, zur Verfügung stehen (Werterhaltungsgarantie). Wertzuwächse werden von der Garantie dagegen nicht erfasst und bleiben bei der Berechnung der Garantiehöhe unberücksichtigt.

Die Werterhaltungsgarantie gilt dabei nur soweit das Guthaben vereinbarungsgemäß verwendet wird (planmäßige Entsparung). Soweit das Guthaben nicht vereinbarungsgemäß verwendet oder übertragen wird, gilt die Garantie nicht.

Anlagevorschriften

Für die Anlage des Wertguthabens gelten gemäß § 7d Abs. 3 SGB IV die Begrenzungen der §§ 80 ff. SGB IV analog. Das Wertguthaben ist demnach so anzulegen, dass:

- ein Verlust ausgeschlossen erscheint,
- ein angemessener Ertrag erzielt wird und
- eine ausreichende Liquidität gewährleistet ist.

Allerdings ist davon abweichend eine höhere Aktien- bzw. Aktienfondsquote von bis zu 20 % zulässig, da Wertguthaben regelmäßig für längere Zeiträume angelegt werden, als dies für Guthaben der Sozialversicherungsträger üblich ist. Nach Auffassung der Sozialversicherungsträger gelten die Anlagebeschränkungen jedoch nicht für Verzinsungsmodelle wie beispielsweise eine Rückdeckungsversicherung und beschränkte Partizipationsmodelle, in denen eine vertragliche Wertsicherung enthalten ist. Insoweit kommt es auf die Beurteilung des Einzelfalles an, welche Anlageform zulässig ist.

Insolvenzsicherung

Bereits mit der Wertguthabenvereinbarung müssen die Vertragsparteien Vorkehrungen treffen, um das Wertguthaben (einschließlich der darin enthaltenen Arbeitgeberbeiträge zur Sozialversicherung) vollständig vor der Insolvenz des Arbeitgebers zu schützen (§ 7e Abs. 1 SGB IV).

Die Pflicht zum Insolvenzschutz besteht soweit die Höhe des Guthabens die monatliche Bezugsgröße übersteigt und der Arbeitnehmer für die Zeit der Freistellung keinen Anspruch auf Insolvenzgeld hat. Ein anderer Wert als die monatliche Bezugsgröße ist möglich, soweit ein Tarifvertrag oder eine Betriebsvereinbarung dies vorsieht.

Sobald das Guthaben die oben genannten Voraussetzungen erfüllt, hat der Arbeitgeber den Arbeitnehmer schriftlich über die vorgenommene Sicherung zu informieren (§ 7e Abs. 4 SGB IV).

Der Insolvenzschutz erfolgt grundsätzlich durch die Übertragung des Guthabens auf einen Dritten, wobei eine Rückführung ausgeschlossen sein muss. Der Dritte hat das Guthaben in Form eines Treuhandverhältnisses zu führen und ist im Insolvenzfall zur Erfüllung aller Pflichten aus dem Wertguthaben verpflichtet (§ 7e Abs. 2 Satz 1 SGB IV).

Davon abweichend kann durch die Vertragsparteien ein anderes Sicherungsinstrument vereinbart werden, wenn es einem Treuhandverhältnis gleichwertig ist. Hier sind, neben anderen Varianten, insbesondere Versicherungsmodelle zulässig (§ 7e Abs. 2 Satz 2 SGB IV). Dafür geeignete Rückdeckungsversicherungen werden von vielen Gesellschaften angeboten.

Portabilität

Wird das Arbeitsverhältnis vor der vereinbarungsgemäßen Verwendung des Wertguthabens beendet, kann der Arbeitnehmer verlangen, dass sein Guthaben auf einen neuen Arbeitgeber übertragen wird. Voraussetzung hierfür ist, dass der neue Arbeitgeber dem zustimmt und eine entsprechende Wertguthabenvereinbarung getroffen wird (§ 7f Abs. 1 Satz 1 Nr. 1 SGB IV).

Alternativ kann der Arbeitnehmer verlangen, dass sein Guthaben an die Deutsche Rentenversicherung Bund übertragen wird. Voraussetzung hierfür ist, dass das entsprechende Guthaben, inklusive der Arbeitgeberbeiträge zur Sozialversicherung, das Sechsfache der monatlichen Bezugsgröße übersteigt (§ 7f Abs. 1 Satz 1 Nr. 2 SGB IV).

Die Deutsche Rentenversicherung ist nach der Übertragung zur Erfüllung der Rechte und Pflichten aus dem Wertguthaben gegenüber dem Arbeitnehmer verpflichtet (§ 7f Abs. 1 Satz 2 SGB IV).

Informationspflicht
Arbeitnehmer, für die ein Zeitwertkonto besteht, haben Anspruch darauf, mindestens einmal jährlich über die Höhe ihres im Wertguthaben enthaltenen Entgeltguthabens informiert zu werden (§ 7d Abs. 2 SGB IV). Die Information durch den Arbeitgeber muss dabei schriftlich erfolgen. Soweit der Arbeitgeberanteil an den Sozialversicherungsbeiträgen ausgewiesen wird, ist hierfür der im Zeitpunkt der Information maßgebliche Beitragssatz zu Grunde zu legen.

4.3 Verwendung der Guthaben

Die Verwendung eines Wertguthabens richtet sich nach § 7c SGB IV. Soweit das Guthaben für einen hier genannten Zweck verwendet wird, spricht man von einer vereinbarungsgemäßen Verwendung. Wird das Guthaben für andere, als die dort genannten Zwecke verwendet, spricht man von einer nicht vereinbarungsgemäßen Verwendung.

Vereinbarungsgemäße Verwendung
Der Grundfall der Guthabenverwendung ist die teilweise oder vollständige Freistellung, bzw. die Verringerung der vertraglich vereinbarten Arbeitszeit für die Fälle, die in der Wertguthabenvereinbarung festgehalten sind.

§ 7c SGB IV spricht hier unter anderem von einer individuellen Vorruhestandsregelung, also der Freistellung unmittelbar vor dem Bezug der gesetzlichen Rente.

Darüber hinaus besteht für Neufälle ein Rechtsanspruch auf die Verwendung in den Fällen des § 7c Abs. 1 Nr. 1 SGB IV, soweit dieses Recht nicht ausdrücklich in der Vereinbarung ausgeschlossen wurde (§ 7c Abs. 2 SGB IV). Dies sind insbesondere:

- Pflegezeiten nach dem Pflegezeitgesetz.
- Elternzeit.
- Teilzeitbeschäftigung nach dem Teilzeit- und Befristungsgesetz.

Für Altfälle ist weiterhin nur die, in der Wertguthabenvereinbarung festgelegte Verwendung möglich, ein darüber hinausgehender Rechtsanspruch besteht hier nicht.

Nicht vereinbarungsgemäße Verwendung (Störfall)
In allen anderen Fällen handelt es sich um eine nichtvereinbarungsgemäße Verwendung. Dies sind insbesondere folgende Fälle:

Beendigung des Arbeitsverhältnisses ohne eine Übertragung des Guthabens nach § 7f SGB IV.

Übertragung des Guthabens auf andere Personen.

Teilweise oder vollständige Auszahlung für Zwecke die nicht die Kriterien des § 7c SGB IV erfüllen.

Verwendung für Zwecke der betrieblichen Altersvorsorge (Ausnahme: Wertguthabenvereinbarungen nach dem 31.12.2000 und vor dem 14.11.2008, wenn eine entsprechende Regelung in der Vereinbarung vorgesehen ist).

Verwendung für eine betriebliche Altersvorsorge
Die Verwendung des Wertguthabens für Zwecke der betrieblichen Altersvorsorge ist mit einer Ausnahme also immer eine nicht vereinbarungsgemäße Verwendung (Störfall) und führt damit zu den unten beschriebenen sozialversicherungs- und steuerrechtlichen Folgen.

Im betriebsrentenrechtlichen Sinne handelt es sich bei der Verwendung des Zeitwertguthabens für eine betriebliche Altersvorsorge um eine Entgeltumwandlung. Für die eingebrachten Teile gelten die Vorschriften, die auf Entgeltumwandlung anzuwenden sind, entsprechend (Bezugsrecht, Unverfallbarkeit und so weiter).

4.4   Steuerrechtliche Behandlung

Ansparphase
Gutschriften auf Zeitwertkonten führen nicht zu einem steuerrechtlichen Zufluss von Arbeitsentgelt. In der Ansparphase entsteht daher grundsätzlich keine Steuerpflicht (BMF-Schreiben vom 17.11.2004).

Dies gilt jedoch nur soweit die entsprechenden Entgeltbestandteile noch nicht fällig geworden sind. Bereits fällig gewordene Entgeltbestandteile können somit nicht rückwirkend in Zeitwertkonten eingestellt werden.

Weitere Voraussetzung ist, dass die vorhandenen Guthaben noch während der Dauer des Beschäftigungsverhältnisses vollständig durch Freistellung aufgebraucht werden können. Eine steuerfreie Zuführung (weiterer) Entgeltbestandteile ist somit ausgeschlossen, wenn das vorhandene Guthaben diese Höhe erreicht hat. Besondere Bedeutung hat diese Regelung bei befristeten Beschäftigungsverhältnissen. Hier sind Zeitwertkonten demnach nur in sehr begrenztem Umfang möglich.

Eine Ausnahme stellen Wertguthabenvereinbarungen mit Organen von Kapitalgesellschaften, also auch Gesellschafter-Geschäftsführern dar. Diese werden von der Finanzverwaltung grundsätzlich nicht anerkannt. Gutschriften auf Zeitwertkonten führen bei diesem Personenkreis bereits in der Ansparphase zu einem steuerpflichtigen Zufluss von Arbeitsentgelt bzw. zu einer verdeckten Gewinnausschüttung und unterliegen in vollem Umfang der Steuerpflicht (BFH vom 11.11.2015 – I R 26/15).

Beim Arbeitgeber sind die sich aus den angesparten Guthaben ergebenden Verpflichtungen als Rückstellung in der Bilanz anzusetzen. Analog ist das darauf entfallende Deckungsvermögen (Rückdeckungsversicherung etc.) in der Bilanz als Forderung auszuweisen. Da Zeitwertkonten in der Praxis so ausgestaltet werden, dass sich Zahlungsverpflichtung und Wert der Sicherungsinstrumente entsprechen (unter bestimmten Voraussetzungen erfolgt sogar eine Saldierung beider Positionen), ist dieser Vorgang steuerneutral.

Verwendung

Die Leistungen in der Freistellungsphase unterliegen nach § 19 EStG (Einkünfte aus nicht selbständiger Arbeit) der vollen Steuerpflicht und werden mit dem individuellen Steuersatz versteuert. Der Zuflusszeitpunkt im steuerrechtlichen Sinn wird also von der Ansparphase in die Auszahlungsphase verlagert.

Übertragung

Die Übertragung auf einen neuen Arbeitgeber wird nicht als Zufluss behandelt und ist insoweit steuerfrei.

Im Fall der Übertragung eines Guthabens auf die Deutsche Rentenversicherung handelt es sich hingegen um einen steuerrechtlichen Zufluss, der aber nach § 3 Nr. 53 EStG steuerfrei gestellt wird.

Bei der späteren Auszahlung in der Freistellungsphase werden die Leistungen in beiden Fällen analog nach § 19 EStG versteuert.

Betriebliche Altersvorsorge

Die steuerliche Behandlung bei der Übertragung in eine betriebliche Altersvorsorge richtet sich nach den Regelungen für einen Störfall.

Im Weiteren wird das Guthaben dann als „normaler" Beitrag behandelt, insoweit sind die entsprechenden Vorschriften für die steuerliche Behandlung von Beiträgen in dem gewählten Durchführungsweg anzuwenden (BMF-Schreiben vom 17.06.2009).

Störfall

Die Versteuerung des Guthabens im Störfall richtet sich ebenfalls nach § 19 EStG. Wird das Guthaben in einem Betrag ausgezahlt (Einmalzahlung), kann die Steuerbegünstigung des § 34 EStG (Fünftelungsregelung) in Anspruch genommen werden, wenn das Guthaben über mehr als zwölf Monate angespart worden ist.

4.5   Sozialversicherungsrechtliche Behandlung

Ansparphase

In der Ansparphase unterliegen Guthaben die einem Zeitwertkonto zugeführt werden, nicht der Beitragspflicht in der Sozialversicherung. Allerdings müssen Beitragsanteile, die auf diese Entgeltbestandteile entfallen dem Guthaben zugeführt werden (§ 7d Abs. 1 SGB IV). Dies gilt auch für Arbeitgeberanteile zur Sozialversicherung und für Entgeltbestandteile die oberhalb der Beitragsbemessungsgrenzen liegen. Insoweit ergibt sich keine Sozialabgabenersparnis, diese wird nur nicht an die Sozialversicherungsträger abgeführt, sondern als Guthaben angespart. Maßgebend für die Höhe der Beiträge sind die im Zuführungszeitpunkt geltenden Beitragssätze.

Verwendung

Aus dem Guthaben gezahlte Leistungen unterliegen in der Freistellungsphase der vollen Beitragspflicht zur Sozialversicherung. Maßgebend für die Höhe der Beiträge sind die im Auszahlungszeitpunkt geltenden Beitragssätze. Insoweit wird für die Dauer der Freistellungsphase ein sozialversicherungspflichtiges Beschäftigungsverhältnis fingiert (§ 7 Abs. 1a SGB IV). Voraussetzung ist, dass die Freistellung länger als einen Monat andauert.

Übertragung

Die Übertragung von Wertguthaben auf einen neuen Arbeitgeber oder die Deutsche Rentenversicherung hat sozialversicherungsrechtlich keine Auswirkungen. Auch hier tritt die Beitragspflicht erst mit der Verwendung des Guthabens in der Freistellungsphase ein.

Betriebliche Altersvorsorge

Auch die sozialversicherungsrechtliche Behandlung bei der Übertragung in eine betriebliche Altersvorsorge richtet sich nach den Regelungen für einen Störfall.

Im Weiteren wird das Guthaben dann als „normaler" Beitrag behandelt, insoweit sind die entsprechenden Vorschriften für die sozialversicherungsrechtliche Behandlung von Beiträgen in dem gewählten Durchführungsweg anzuwenden.

Störfall

Wird das Guthaben nicht vereinbarungsgemäß verwendet, unterliegt das gesamte Wertguthaben sofort der Beitragspflicht. Das Zeitwertkonto wird rückwirkend so behandelt, als hätte die Wertguthabenvereinbarung nie bestanden. Liegt das zusammen mit dem Wertguthaben insgesamt ausgezahlte sozialversicherungspflichtige Entgelt oberhalb der Beitragsbemessungsgrenze, ist nur der Teil bis zur Höhe der Beitragsbemessungsgrenze sozialversicherungspflichtig.

Wird das Guthaben vererbt, tritt die oben beschriebene Sozialversicherungspflicht analog ein. Das Guthaben wird dabei weiter dem ursprünglich Bezugsberechtigten zugerechnet und nicht dem Erben.

Besonderheiten bei bestimmten Personengruppen

5

5.1 Gesellschafter-Geschäftsführer einer GmbH

Die Besonderheit bei Gesellschafter-Geschäftsführern einer GmbH (GGF) liegt in ihrer Doppelfunktion als Gesellschafter und damit Inhaber der GmbH einerseits und als angestellter Geschäftsführer andererseits. Damit hat er auch rechtlich einen Doppelstatus, als Unternehmer einerseits und Arbeitnehmer andererseits.

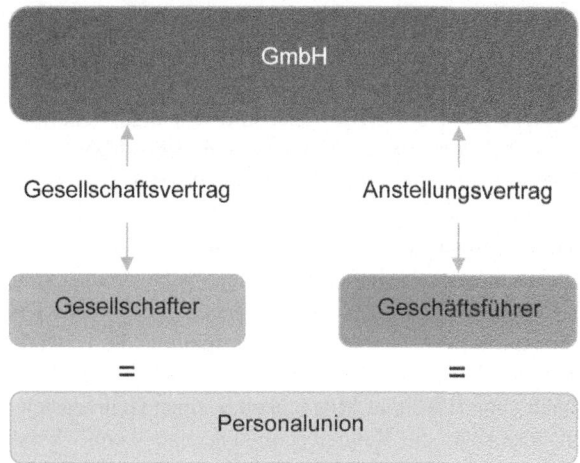

© Springer Fachmedien Wiesbaden GmbH, ein Teil von Springer Nature 2020
R. Schwarz, *Betriebliche Altersvorsorge*,
https://doi.org/10.1007/978-3-658-30973-2_5

Die Zusage einer betrieblichen Altersvorsorge ist, wie wir gesehen haben, nur für Arbeitnehmer vorgesehen. Wie aber ist nun in diesem Zusammenhang der Gesellschafter-Geschäftsführer zu behandeln? Ist er Unternehmer oder ist er Angestellter? Für die Beantwortung dieser Frage und zur Beurteilung welche rechtlichen Konsequenzen – aber auch welche Möglichkeiten – sich daraus ergeben, ist der Begriff der Beherrschung ausschlaggebend. Die folgenden Ausführungen gelten für Gesellschafter-Geschäftsführer einer Unternehmergesellschaft mit beschränkter Haftung (UG haftungsbeschränkt) entsprechend.

5.1.1   Funktionsweise der GmbH

Die GmbH ist im Gegensatz zum Einzelunternehmer oder einer Personengesellschaft ein künstliches Konstrukt. Im Grunde handelt es sich hierbei um eine verselbständigte Vermögensmasse, durch die eine Trennung der Gesellschaft von ihren Anteilseignern erreicht wird. Die GmbH erhält so eine eigene Rechtspersönlichkeit (juristische Person) und existiert damit unabhängig von ihren Anteilseignern.

Die Anteilseigner (Gesellschafter) üben ihre Kontrolle über die so genannte Gesellschafterversammlung aus, indem sie dort Beschlüsse fassen.

Der Abschluss und die Änderung des Geschäftsführervertrages (und damit auch die Erteilung einer Zusage auf betriebliche Altersvorsorge) gehört beispielsweise in die Zuständigkeit dieses Organs (§ 46 Nr. 5 GmbHG). Jeder Gesellschafter hat dabei ein Stimmrecht in Höhe seines Kapitalanteils. Hält also ein Gesellschafter die Mehrheit, kann er die Beschlüsse der Gesellschafterversammlung und damit die Gesellschaft insgesamt nach seinen Interessen gestalten.

Ansonsten sind die Gesellschafter an der laufenden Geschäftsführung grundsätzlich nicht beteiligt. Hierfür gibt es ein weiteres Organ, den Geschäftsführer. Dieser führt im Auftrag der Gesellschafterversammlung die laufenden Geschäfte der GmbH. Wird ein Gesellschafter mit dieser Aufgabe betraut, entsteht der Gesellschafter-Geschäftsführer. Weitere Möglichkeiten einen GGF entstehen zu lassen, sind natürlich umgekehrt die Kapitalbeteiligung eines bereits bestehenden Geschäftsführers zum Beispiel als Bonifikation oder im Rahmen eines Management Buyouts.

5.1.2 Beherrschungsbegriff

Beherrschende Stellung nach Sozialversicherungsrecht
Die Beurteilung ob eine beherrschende Stellung vorliegt erfolgt in zwei Schritten. Im ersten Schritt wird geprüft ob der betreffende Geschäftsführer so an der GmbH beteiligt ist, dass er durch seine Stimmrechts-/Anteilsmehrheit Beschlüsse der Gesellschafterversammlung verhindern kann (Mehrheitsbeteiligung). Ist dies der Fall, liegt eine beherrschende Stellung vor. Ist dies nicht der Fall, ist im zweiten Schritt zu prüfen, ob andere Kriterien eine beherrschende Stellung begründen. Diese können unter anderem sein:

• Ein erhebliches unternehmerisches Risiko.
• Die freie Verfügung über seine Arbeitsleistung nach Ort und Zeit.
• Ein maßgeblicher Einfluss auf die Gesellschaft aufgrund seiner Branchenkenntnis.

Die abschließende Beurteilung obliegt dabei der Clearingstelle der Deutschen Rentenversicherung. Die Bundesagentur für Arbeit ist an die Entscheidung der Clearingstelle gebunden. Für Neugründungen ab 01.01.2005 ist das Statusverfahren obligatorisch. Für „Altfälle" muss die Entscheidung selbständig beantragt werden.
Wird die beherrschende Stellung nach Sozialversicherungsrecht bejaht, ist das betreffende Arbeitsverhältnis sozialversicherungsfrei. Dies gilt dann für alle Zweige der Sozialversicherung. Wird die beherrschende Stellung verneint, unterliegt das betreffende Arbeitsverhältnis der Sozialversicherungspflicht.

Beherrschende Stellung nach Arbeitsrecht
Die Vorschriften des Betriebsrentengesetzes (BetrAVG) finden auf selbständige Unternehmer und diesen gleichzustellenden Personen keine Anwendung (§ 17 Abs. 1 BetrAVG; PSV-Merkblatt 300/M1). Gleichzustellende Personen sind unter anderem Gesellschafter-Geschäftsführer, wenn sie allein 50 % oder mehr der Kapitalanteile oder Stimmrechte an der Gesellschaft halten oder:

• Wenn mehrere GGF zusammen gegenüber nicht geschäftsführenden Gesellschaftern zu mehr als 50 % beteiligt sind und kein GGF eine Mehrheitsbeteiligung hält.

* Wenn sich bei Addition der Kapitalanteile aller Minderheitsgesellschafter (bei mindestens 10 % Beteiligung) eine Summe von mehr als 50 % des Gesamtkapitals ergibt.

Wird eine beherrschende Stellung bejaht, ergeben sich daraus für eine zugesagte betriebliche Altersversorgung folgende Konsequenzen:

* Kein gesetzlicher Insolvenzschutz.
* Keine Anpassungsprüfungspflicht bei laufenden Renten.
* Kein Recht zur Beanspruchung vorgezogener Altersleistungen.
* Die Anwartschaften werden nicht gesetzlich unverfallbar.
* Kein Abfindungsverbot.

Unternehmer und ihnen gleichzustellende Personen fallen demnach nicht unter die Schutzrechte des Betriebsrentengesetzes. Insbesondere der fehlende Insolvenzschutz stellt ein nicht unerhebliches Problem dar, möchte man doch gerade für den Fall der Insolvenz seine Altersrentenansprüche gesichert wissen.

Wird eine beherrschende Stellung verneint, ist der betreffende Geschäftsführer im Sinne des BetrAVG wie ein normaler Arbeitnehmer zu behandeln.

Beherrschende Stellung nach Steuerrecht

Die Beurteilung einer beherrschenden Stellung nach Steuerrecht erfolgt nach einem ähnlichen Schema. Ausschlaggebend sind auch hier die Kapital- bzw. Stimmrechtsanteile.

Ein Gesellschafter-Geschäftsführer ist beherrschend im Sinne des Steuerrechts, wenn er die tatsächliche Leitungsmacht im Unternehmen hat, das heißt, wenn er allein 50 % oder mehr der Kapitalanteile oder Stimmrechte an der Gesellschaft hält (BFH vom 28.04.1982 – I R 51/76). Man spricht davon, dass er der Gesellschaft seinen „Willen" aufoktroyieren kann.

Aber auch eine Beteiligung von unter 50 % kann ausreichend sein, wenn besondere Umstände hinzutreten, die trotzdem eine beherrschende Stellung begründen. So können beispielsweise mehrere GGF gleichzeitig eine beherrschende Stellung einnehmen, wenn deren Minderheitsbeteiligungen zusammengerechnet mehr als 50 % der Kapitalanteile oder Stimmrechte betragen und bei den einzelnen Personen so genannte gleichgerichtete Interessen vorliegen.

Wird eine Beherrschung bejaht, unterliegen Zusagen auf eine betriebliche Altersvorsorge einer besonderen Überprüfung durch die Finanzverwaltung. Der Hintergrund ist, dass sich ein beherrschender Gesellschafter-Geschäftsführer eine Zusage faktisch selbst erteilen kann (siehe oben GmbH) und damit Einfluss auf die

Gewinnverteilung innerhalb der Gesellschaft nehmen kann. Werden die strengen Kriterien nicht erfüllt, handelt es sich regelmäßig um eine so genannte verdeckte Gewinnausschüttung mit den entsprechenden steuerlichen Konsequenzen (siehe Exkurs verdeckte Gewinnausschüttung). Wird eine beherrschende Stellung verneint, ist er auch steuerrechtlich wie ein normaler Arbeitnehmer zu behandeln.

Exkurs: Verdeckte Gewinnausschüttung

Der Gesellschafter-Geschäftsführer erhält aus zwei Quellen Einkünfte. Zum einen ist er als Gesellschafter am Gewinn der GmbH beteiligt (§ 20 EStG, Einkünfte aus Kapitalvermögen) und zum anderen bezieht er als angestellter Geschäftsführer ein Gehalt von der Gesellschaft (§ 19 EStG, Einkünfte aus nichtselbständiger Arbeit). Die Verwendung des Gewinns und damit die Höhe des Gewinnanteils jedes Gesellschafters wird durch Beschluss der Gesellschafterversammlung festgelegt. Wobei natürlich das Geschäftsführergehalt den Gewinn der Gesellschaft mindert und entsprechend auch deren Steuerlast. Nun könnte man auf die Idee kommen, das Gehalt so hoch wie möglich zu gestalten, um die Steuerlast der Gesellschaft zu reduzieren. Hier ist jedoch ein Riegel vorgeschoben, die so genannte verdeckte Gewinnausschüttung (R 36 (1) KStR 2004). Führt eine Prüfung der Finanzverwaltung zu dem Schluss, dass Teile des Gehaltes unangemessen sind (Fremdvergleich), werden die Einkünfte insoweit umklassifiziert und als Gewinnanteil behandelt. Mit der Folge, dass die entsprechenden Beträge dem Gewinn der Gesellschaft wieder hinzugerechnet werden und dort der Besteuerung unterliegen. Dies ist dann unter Umständen mit einer Steuernachzahlung verbunden. Der Gesellschafter muss diese Einkünfte dann normal als Einkünfte aus Kapitalvermögen versteuern.

5.1.3 Konsequenzen für die Einrichtung einer betrieblichen Altersvorsorge

Beherrschende Gesellschafter-Geschäftsführer unterliegen anders als ihre nichtbeherrschenden Kollegen und Arbeitnehmer ohne Beteiligung anderen Regelungen in Bezug auf die betriebliche Altersvorsorge. Diese sind zusammengefasst:

- Keine Sozialversicherungspflicht.
- Keine Schutzrechte nach BetrAVG.
- Kein gesetzlicher Insolvenzschutz.
- Besondere Überprüfung von Pensionszusagen durch die Finanzverwaltung.

5.1.3.1 Statusprüfung

Vor der Einrichtung einer Versorgung sollte in jedem Fall eine Statusprüfung erfolgen und geklärt werden, ob eine beherrschende Stellung in den jeweiligen Rechtsbereichen vorliegt.

5.1.3.2 Insolvenzschutz

Der fehlende gesetzliche Insolvenzschutz kann durch einen zivilrechtlichen Insolvenzschutz ersetzt werden (vgl. BGH vom 10.07.1997 – IX ZR 161/96 und BGH vom 07.04.2005 – IX ZR 138/04). Bei rückgedeckten Zusagen wird dazu die Rückdeckungsversicherung an den Versorgungsberechtigten bzw. seine Hinterbliebenen verpfändet.

Darauf zu achten ist hierbei, dass eine wirksame Verpfändung nur vorliegt, wenn ein entsprechender Gesellschafterbeschluss dies vorsieht.

5.1.3.3 Anforderungen an eine Zusage auf betriebliche Altersvorsorge

Die Prüfung der Finanzverwaltung richtet sich auf die Frage, ob die Zusage aus betrieblichen Gründen, wie dies in der Regel bei einem normalen Arbeitnehmer der Fall ist, erfolgt. Oder ob die Zusage aufgrund des Gesellschaftsverhältnisses, hier also aufgrund der beherrschenden Stellung erfolgt. Hierzu wird der folgende Kriterienkatalog verwendet:

- Erdienbarkeit
- Probezeit
- Finanzierbarkeit
- Finanzierungsendalter
- Angemessenheit
- Üblichkeit (Fremdvergleich)

Dabei gelten für beherrschende Gesellschafter-Geschäftsführer und nichtbeherrschende Gesellschafter-Geschäftsführer zum Teil unterschiedliche Anforderungen. In jedem Fall ist aber zu empfehlen, vor Erteilung der Zusage mit dem Steuerberater Kontakt aufzunehmen und die Modalitäten mit dem zuständigen Finanzamt zu klären.

Ergibt die Prüfung des Finanzamtes, dass die Versorgung unangemessen ist, so werden die Teile, die über die Angemessenheitsgrenze hinaus gehen als verdeckte Gewinnausschüttung behandelt.

Erdienbarkeit

Dieses Kriterium gilt insbesondere für beherrschende GGF, aber in reduziertem Umfang auch für nicht-beherrschende GGF. Demnach muss die Zusage bis zum Beginn der Leistungsphase noch erdienbar sein. Eine rückwirkende Zusage ist somit immer ausgeschlossen. Bei beherrschenden Geschäftsführern gilt eine Mindestlaufzeit von 10 Jahren bis zur frühestmöglichen Inanspruchnahme. Bei nicht-beherrschenden Geschäftsführern kann die Mindestlaufzeit auf 3 Jahre verkürzt werden, wenn das Dienstverhältnis vor der Zusage mindestens 12 Jahre bestanden hat.

Bei Zusagen, die an die Gehaltsentwicklung gekoppelt sind, ist es unschädlich wenn entsprechende Erhöhungen erfolgen. Steuerlich anerkannt sind dabei Dynamiken bis zu 2 % für die Anwartschaft und bis zu 3 % für die Renten.

Probezeit

Weitere Voraussetzung für die steuerliche Anerkennung einer Zusage ist, dass der Versorgungsberechtigte und die zusagende GmbH sich bewährt haben, das heißt eine gewisse Probezeit absolviert haben. Für den Geschäftsführer gilt dabei eine Probezeit von zwei bis drei Jahren als ausreichend. Diese kann unter Umständen auch in der Funktion des Geschäftsführers bei einem anderen Unternehmen zurückgelegt worden sein. Für die Gesellschaft gilt ein Zeitraum von mindestens fünf Jahren als angemessen. Wobei im Fall der Umwandlung das Bestehen des Unternehmens an sich betrachtet wird (BMF-Schreiben vom 14.12.2012). Wird beispielsweise aus einer seit Anfang 2001 bestehenden OHG im Jahr 2004 eine GmbH gegründet, ohne dass weitere wesentliche Änderungen vorgenommen worden sind, gilt die Wartezeit ab Anfang 2006 als erfüllt.

Finanzierbarkeit

Bei Erteilung oder Änderung einer Zusage prüft die Finanzverwaltung ob die abgegebene Zusage überhaupt realisierbar, das heißt finanzierbar ist. Von Bedeutung ist dies insbesondere bei Direktzusagen, die ja vom Unternehmen selbst über Pensionsrückstellungen finanziert werden. Ist dies nicht der Fall, wird die Ernsthaftigkeit der Zusage bezweifelt und entsprechend nicht als betriebliche Altersvorsorge anerkannt. Der Abschluss einer entsprechenden Rückdeckungsversicherung gilt dabei als Indiz für die Finanzierbarkeit einer Zusage. Diese sollte also in jedem Fall und nicht nur aus Gründen der Risikobegrenzung und zivilrechtlichen Insolvenzsicherung, sondern auch aus steuerlichen Gründen abgeschlossen werden.

Endalter

Das Mindestendalter von Pensionszusagen an beherrschende Gesellschafter-Geschäftsführer sollte der Regelaltersgrenze in der gesetzlichen Rentenversicherung entsprechen. Analog zur schrittweisen Anhebung des Rentenalters:

* 65 für Jahrgänge bis 1953.
* 66 für Jahrgänge von 1953 bis 1961.
* 67 für Jahrgänge ab 1962.

Angemessenheit

Die Angemessenheit ist eines der wesentlichsten Kriterien innerhalb der Prüfung der Gesamtumstände. Angemessen ist eine Zusage, wenn sie nicht zu einer Überversorgung führt. Eine Überversorgung ist regelmäßig dann gegeben, wenn die zu erwartenden Altersvorsorgeleistungen im Zeitpunkt der Pensionierung 75 % der aktuellen Aktivbezüge (Bruttobezüge) übersteigen. Die Prüfung erfolgt anhand der erteilten Zusage in Relation zu den, insgesamt für die Altersvorsorge zu erwartenden Leistungen, in Bezug auf die heutigen Aktivbezüge. Das heißt, die Summe aller Anwartschaften eines GGF auf Altersversorgung darf 75 % seines Bruttogehaltes nicht übersteigen.

Zu den Bruttobezügen zählen alle fixen Entgeltbestandteile inklusive der geldwerten Sachbezüge (Monatsgehalt, Weihnachts- und Urlaubsgeld, Dienstwagen, etc.). Hinzu kommen alle variablen Entgeltbestandteile wie Tantiemen, Bonifikationen, etc., die mit dem Durchschnitt der letzten fünf Jahre angesetzt werden, sowie Arbeitgeberbeiträge zu versicherungsförmigen Durchführungswegen der betrieblichen Altersvorsorge. Nicht hinzuzurechnen sind hingegen Beiträge für eine betriebliche Altersvorsorge, die aus Entgeltumwandlung finanziert ist (vgl. § 2 LStDV).

* Alle fixen Entgeltbestandteile inkl. Sachbezüge.
* Alle variablen Entgeltbestandteile mit dem Durchschnitt der letzten fünf Jahre.
* Arbeitgeberbeiträge zu versicherungsförmigen Durchführungswegen der bAV.

Für die Summe der Altersvorsorgeleistungen sind die Leistungen aus der gesetzlichen Rentenversicherung und Leistungen aus arbeitgeberfinanzierten betrieblichen Altersversorgungen in den versicherungsförmigen Durchführungswegen zu berücksichtigen. Kapitalleistungen werden dabei mit 10 % als lebenslange Jahresrente angesetzt. Auch hier sind Leistungen aus Versorgungszusagen, die aus Entgeltumwandlung finanziert sind, nicht zu berücksichtigen.

- Leistungen aus der gesetzlichen Rentenversicherung.
- Leistungen aus arbeitgeberfinanzierten versicherungsförmigen Durchführungswegen.

Zusammengerechnet dürfen diese Bezüge nicht mehr als 75 % der aktuellen Bruttobezüge betragen. Der für die Beurteilung maßgebende Zeitpunkt ist der jeweilige Bilanzstichtag (in der Regel der 31.12. eines Jahres).

Nur-Pensionszusagen
Versorgungszusagen ohne entsprechende Aktivbezüge, die so genannten Nur-Pensionszusagen, wurden bisher generell nicht steuerlich anerkannt. Die Finanzverwaltung hat aber mit Schreiben vom 13.12.2012 ihre Auffassung geändert und erkennt solche Zusagen nun an, soweit diese auf einem „echten" Gehaltsverzicht beruhen (BMF-Schreiben vom 13.12.2012). Das bedeutet, es muss eine regelmäßige Gehaltszahlung an den Gesellschafter-Geschäftsführer vorliegen, auf die dieser dann anschließend zugunsten der Versorgungszusage verzichtet. Darauf zu achten ist hierbei, dass ein fehlender Insolvenzschutz der Zusage die steuerliche Anerkennung gefährden kann.

Üblichkeit
Ausgangspunkt dieser Überprüfung ist der so genannte Fremdvergleich. Die Finanzverwaltung prüft, ob einem fremden Dritten die gleiche Zusage erteilt worden wäre. Hierbei wird darauf abgestellt, dass unter Fremden normalerweise Interessensgegensätze vorherrschen. Der Arbeitgeber beispielsweise möchte sein Personal in der Regel so günstig wie möglich verpflichten, wohingegen der Angestellte selbst daran interessiert ist ein möglichst hohes Gehalt zu fordern. Einigen sich beide Parteien auf einen Vertrag, kann davon ausgegangen werden, dass keiner der jeweils anderen Partei etwas „schenkt", sondern die geschlossene Vereinbarung einen Kompromiss darstellt. Dieser Interessensgegensatz ist typischerweise nicht vorhanden wenn die vertragsschließenden Parteien ein und dieselbe Person sind, bzw. durch die beherrschende Stellung ein wesentlicher Einfluss auf die andere Partei ausgeübt wird, wie im Fall des Gesellschafter-Geschäftsführers. Daher wird geprüft, ob die Zusage auch einem fremden Dritten, also bei vorherrschenden Interessensgegensätzen in der gleichen Form erteilt worden wäre. Ist dies der Fall, kann die Zusage steuerlich anerkannt werden. Ist dies nicht der Fall, gilt sie insoweit als verdeckte Gewinnausschüttung.

Gesellschafterbeschluss und Befreiung vom Selbstkontrahierungsverbot
Für jede Zusageerteilung an einen Gesellschafter-Geschäftsführer bedarf es eines
entsprechenden Gesellschafterbeschlusses (Tab. 5.1), der auch die Befreiung vom
Selbstkontrahierungsverbot des § 181 BGB beinhaltet. Die Befreiung muss zu ihrer Wirksamkeit zusätzlich im Handelsregister eingetragen werden. Soll darüber

Tab. 5.1 Gesellschafterbeschluss

Die unterzeichnenden alleinigen Gesellschafter der .... GmbH halten (unter Verzicht auf alle durch Gesetz und Gesellschaftervertrag vorgeschriebenen Formen und Fristen für die Einberufung) eine Gesellschafterversammlung ab und fassen, sofern in der GmbH weder nach Gesetz noch Gesellschaftervertrag eine Zuständigkeitszuweisung erfolgt ist, folgenden Beschluss:	
1.	Zugunsten des Gesellschafter-Geschäftsführers, Frau/Herr .... wird bei der .... Lebensversicherungs-AG eine Direktversicherung abgeschlossen. Für künftige Beitragsanpassungen bedarf es keinen weiteren Gesellschafterbeschluss.
2.	Der Gesellschafter-Geschäftsführer, Frau/Herr .... wird am .... eine Versorgungszusage – ggf. mit Nachträgen, erhalten. Zur Finanzierung der zugesagten Versorgungsleistungen wird die GmbH auf das Leben des versorgungsberechtigten Gesellschafter-Geschäftsführers bei der .... Lebensversicherungs-AG eine bzw. mehrere Rückdeckungsversicherung (en) abschließen. Die Leistungen aus dieser/diesen Rückdeckungsversicherung (en) werden an den Gesellschafter-Geschäftsführer bzw. an seine versorgungsberechtigten Angehörigen zur Sicherheit verpfändet.
3.	Die Erteilung der genannten Versorgungszusage(n) – ggf. mit Nachträgen –, der Abschluss der Versicherung(en) sowie die Verpfändungserklärung(en) werden – soweit dies nicht bereits in der Vergangenheit erfolgte – durch die Gesellschafterversammlung ausdrücklich genehmigt. Soweit der versorgungsberechtigte Gesellschafter-Geschäftsführer selbst tätig wird, ist er vom Selbstkontrahierungsverbot (§ 181 BGB) befreit.
Ort/Datum	

....
Unterschriften der zustimmenden Gesellschafter

....
Unterschriften der gegen stimmenden Gesellschafter

....

hinaus eine Verpfändung der Sicherungsinstrumente (in der Regel die Rückdeckungsversicherung) an den Versorgungsberechtigten und/oder seine Hinterbliebenen erfolgen, ist dies ebenfalls durch Beschluss der Gesellschafterversammlung festzulegen und zu dokumentieren. Nachfolgend ist ein Formulierungsbeispiel für einen entsprechenden Gesellschafterbeschluss aufgeführt.

5.1.4 Versorgungsmodell für einen Gesellschafter-Geschäftsführer

Aus den vorstehenden Ausführungen ergibt sich die Notwendigkeit, die Versorgung eines Gesellschafter-Geschäftsführers nach bestimmten Kriterien zu gestalten.

Ausgangspunkt hierbei ist die Tatsache, dass Leistungen die aus Entgeltumwandlung finanziert werden keiner besonderen Prüfung unterliegen. Hier sollte also der mögliche Rahmen des § 3 Nr. 63 EStG vollständig ausgeschöpft werden.

Dazu bietet sich wegen der geringen Kosten und wegen des geringen Verwaltungsaufwandes die Direktversicherung als Durchführungsweg an.

Die darüber hinaus möglichen 4 % der BBG GRV West können dann entweder ebenfalls über eine Direktversicherung, oder mit Hilfe einer rückgedeckten Unterstützungskasse umgewandelt werden.

Soweit die Wartezeiten erfüllt sind und das zuständige Finanzamt zugestimmt hat, kann als letzter Schritt die verbleibende Versorgungslücke des Geschäftsführers bis zur Angemessenheitsgrenze mit einer arbeitgeberfinanzierten, rückgedeckten Unterstützungskassenversorgung geschlossen werden (Tab. 5.2).

Darüber hinaus können dem Geschäftsführer weitere Zusagen über Invaliditätsleistungen gemacht werden. Dies bedeutet, eine Berufsunfähigkeits- und/oder Unfallversicherung können ebenfalls über die GmbH abgewickelt werden. Hierzu ist analog zur Altersvorsorge eine entsprechende Zusage der GmbH durch Gesellschafterbeschluss erforderlich. Die GmbH sagt dem Geschäftsführer die Leistungen

Tab. 5.2 Versorgungsmodell für einen Gesellschafter-Geschäftsführer

Finanzierung	Durchführung
Entgeltumwandlung in Höhe von 4 % der BBG GRV West	Direktversicherung
Zusätzliche Entgeltumwandlung in Höhe von weiteren 4 % der BBG GRV West	Direktversicherung oder rückgedeckte Unterstützungskasse
Arbeitgeberbeiträge bis zur Angemessenheitsgrenze	Rückgedeckte Unterstützungskasse

zu und schließt zur Rückdeckung eine entsprechende Versicherung für den Geschäftsführer als versicherte Person ab. Die GmbH ist Versicherungsnehmer und Beitragszahler.

Die steuerliche und sozialversicherungsrechtliche Behandlung von Beiträgen und Leistungen beim Arbeitnehmer und beim Arbeitgeber richtet sich dann nach der Ausgestaltung im konkreten Einzelfall (Bezugsrechtregelung und weitere).

5.2 Familienangehörige

Auch bei Familienangehörigen, die im Unternehmen angestellt sind, gibt es typischerweise keine Interessensgegensätze. Insbesondere bei Ehegatten, die im Unternehmen des anderen Ehegatten beschäftigt sind, ist davon auszugehen, dass sie gleichgerichtete Interessen verfolgen. Somit liegt auch hier der Verdacht nahe, dass die Zusage auf eine betriebliche Altersvorsorge nicht betrieblich, sondern durch die private Verflechtung veranlasst ist. Analog zum Gesellschafter-Geschäftsführer unterliegen Zusagen daher einer besonderen Prüfung durch die Finanzverwaltung. Voraussetzungen für die Anerkennung sind:

- Es muss ein steuerrechtlich anerkanntes Dienstverhältnis vorliegen.
- Die Gesamtvergütung einschließlich der Beiträge und Zuwendungen für die bAV müssen der Höhe nach angemessen sein.
- Die Leistungen aus GKV und bAV müssen in einem angemessenen Verhältnis zu den Aktivbezügen stehen.

Diese Regelungen gelten unabhängig von der Rechtsform des Unternehmens und unabhängig davon welcher Durchführungsweg gewählt wurde. Bei Einzelunternehmen ist zusätzlich zu beachten, dass die Zusage auf eine Hinterbliebenenversorgung für den Arbeitgeber grundsätzlich nicht anerkennungsfähig ist.

Für die Ermittlung welche Beträge angemessen sind, gibt es drei Wege. Die erste Möglichkeit ist die Prüfung einer Überversorgung analog zum Gesellschafter-Geschäftsführer (siehe oben). Die zweite Möglichkeit orientiert sich an der Versicherungssumme ohne Überschüsse. Diese darf das 120fache der monatlichen Versorgungslücke (Nettoeinkommen abzüglich der Ansprüche aus der gesetzlichen Rentenversicherung) nicht übersteigen. Die dritte Möglichkeit orientiert sich am Bruttoverdienst des Familienangehörigen. Der Beitrag zur betrieblichen Altersversorgung darf 20 % des Bruttoverdienstes nicht überschreiten.

- Keine Überversorgung (75 %-Regel; siehe oben).
- Versicherungssumme der bAV darf nicht größer als das 120fache der Versorgungslücke sein.
- Die Beiträge dürfen nicht größer als 20 % des Bruttoverdienstes sein.

Auch bei Familienangehörigen und insbesondere bei Ehegatten empfehlen sich daher dringend die Statusprüfung und die Überprüfung durch das Finanzamt bevor eine betriebliche Altersversorgung eingerichtet wird.

5.3 Geringverdiener

Für Arbeitnehmer, deren Bruttoeinkommen monatlich 2200 € nicht übersteigt, kann der Arbeitgeber eine betriebliche Altersvorsorge steuerlich gefördert finanzieren (arbeitgeberfinanziert). Vorgesehen ist hier ein Betrag von 240 bis 480 € jährlich (siehe auch Abschn. 3.1.6). So erleichtert der Gesetzgeber dieser Personengruppe, die oft keine freien Mittel zur Vorsorge zur Verfügung hat, die Möglichkeit, eine private Zusatzvorsorge für das Alter aufzubauen.

Gleichzeitig wird die Anrechnung der privaten Altersvorsorge auf Leistungen der Grundsicherung im Alter eingeschränkt. Wer im Alter trotz privater Vorsorge auf Grundsicherung angewiesen ist, erhält einen Grundfreibetrag in Höhe von 100 € der nicht angerechnet wird. Darüber hinaus gehende Beträge sind zu 30 % bis zur Hälfte des Regelbedarfes der Stufe 1 anrechnungsfrei (2018: maximal 208 € anrechnungsfrei).

Einrichtung einer Versorgungsordnung

6

Bedingt durch den Rechtsanspruch auf Entgeltumwandlung kommt kein auch noch so kleines Unternehmen um den Aufbau einer eigenen Versorgungsordnung herum. Und sei es nur in der kleinsten denkbaren Form – durch die Beauftragung eines Vermittlers mit der Beratung und dem Abschluss von Direktversicherungen für die Mitarbeiter, die dies wünschen. Auch dies ist jedoch rechtlich nicht ganz unproblematisch. Daher sind Unternehmer gut beraten, sich rechtzeitig Gedanken über die konkrete Ausgestaltung zu machen, um nicht in die ein oder andere rechtliche Falle zu tappen. In den folgenden Abschnitten werden dabei die einzelnen Entscheidungstatbestände kurz beschrieben, zu den jeweiligen Einzelheiten wird auf die entsprechenden Kapitel verwiesen.

6.1 Tarifbindung

Das weitere Vorgehen und insbesondere die Entscheidungsfreiheit sind maßgebend davon abhängig, inwieweit die betreffenden Arbeitsverhältnisse einer Tarifbindung unterliegen.

Soweit das Entgelt auf einem Tarifvertrag beruht, ist eine Zusage auf betriebliche Altersvorsorge nur möglich, wenn der entsprechende Tarifvertrag dies ausdrücklich vorsieht, bzw. durch eine Öffnungsklausel gestattet.

Außer- bzw. übertariflich gezahltes Entgelt und zusätzliche Arbeitgeberleistungen sind davon nicht betroffen. Für diese Bestandteile ist eine betriebliche Altersvorsorge immer zulässig.

© Springer Fachmedien Wiesbaden GmbH, ein Teil von Springer Nature 2020
R. Schwarz, *Betriebliche Altersvorsorge*,
https://doi.org/10.1007/978-3-658-30973-2_6

Einige Tarifverträge sehen dabei nicht nur eine betriebliche Altersvorsorge ausdrücklich vor, sondern regeln darüber hinaus auch noch die genaue Höhe und/oder Durchführung. Ist dies der Fall, ist ein Arbeitgeber daran gebunden und seine Entscheidungsfreiheit insoweit eingeschränkt.

Insbesondere gilt dies für die Möglichkeit von Optionsmodellen („Opting-Out"). Voraussetzung ist, dass ein Tarifvertrag dieses Modell ausdrücklich zulässt. So können auch bestehende Belegschaften in die betriebliche Altersvorsorge einbezogen werden. Dem Arbeitnehmer muss hierbei eine mindestens einmonatige Optionsfrist (Widerspruchsfrist) eingeräumt werden.

6.2   Beteiligung des Betriebsrates

Soweit im Unternehmen ein Betriebsrat besteht, ist an dieser Stelle zu entscheiden, inwieweit der Betriebsrat an den weiteren Entscheidungen beteiligt werden, beziehungsweise ob er nur im Rahmen seiner Mitbestimmungsrechte partizipieren soll. Je früher und je weiter der Betriebsrat in die Entscheidungen einbezogen wird, desto größer ist erfahrungsgemäß auch die Akzeptanz in der Belegschaft. Es lohnt sich also unter Umständen über eine umfassende Einbeziehung der Arbeitnehmervertretung nachzudenken.

6.3   Dotierungsrahmen

Im dritten Schritt ist eine Entscheidung darüber zu treffen, ob lediglich der Rechtsanspruch auf Entgeltumwandlung gewährt, oder ob darüber hinaus noch zusätzliche Arbeitgeberbeiträge geleistet werden sollen.

Diese Entscheidung unterliegt grundsätzlich nicht der Mitbestimmung durch den Betriebsrat. Hier ist der Arbeitgeber also vollkommen frei zu entscheiden, ob und in welcher Höhe er sich mit zusätzlichen Mitteln am Aufbau einer Versorgungsordnung beteiligen will (einzige Ausnahme siehe Abschn. Tarifbindung).

6.4   Zusageart und Durchführungsweg

Im nächsten Schritt ist eine Entscheidung über die Art der Zusage und den bzw. die Durchführungswege zu treffen. Aufgrund der Einschränkungen bei bestimmten Zusagearten auf bestimmte Durchführungswege, ist diese Entscheidung sinnvollerweise zusammen zu treffen. Ansonsten ist der Arbeitgeber aber auch hier vollkommen frei in seiner Entscheidung. Dies gilt bis hin zur Auswahl eines konkreten (Versicherungs-)Unternehmens für die externe Durchführung.

Aus den in Kap. 2 und 3 genannten Gründen ist bei Zusagen von Leistungszusagen und bei Durchführungswegen von nicht-rückgedeckten Direktzusagen und Unterstützungskassen grundsätzlich abzuraten.

Im Hinblick auf das Gesamtrisiko der Zusage, den Verwaltungsaufwand im Unternehmen, der Handhabung beim vorzeitigen Ausscheiden eines Mitarbeiters und die Anpassungsprüfungspflicht in der Leistungsphase, sind aus Unternehmenssicht die Durchführung über eine Direktversicherung oder eine Pensionskasse mit beitragsorientierten Leistungszusagen (soweit alle Überschüsse zur Leistungserhöhung verwendet werden) oder mit Beitragszusagen mit Mindestleistung, die am ehesten zu empfehlenden Varianten.

Wird ein versicherungsförmiger Durchführungsweg gewählt, kann auch gleichzeitig die Entscheidung darüber fallen, ob Arbeitnehmer von Beginn an ein unwiderrufliches Bezugsrecht an arbeitgeberfinanzierten Versorgungsbestandteilen erhalten oder ob die gesetzlichen Regelungen gelten sollen. Dabei ist zu berücksichtigen, dass ein zunächst widerruflich eingeräumtes Bezugsrecht eine gewisse Bindungswirkung gegenüber dem zusagenden Unternehmen entfaltet. Der Mitarbeiter muss damit rechnen, dass seine Zusage widerrufen wird, wenn er vor Ablauf der gesetzlichen Fristen aus dem Unternehmen ausscheidet. Soweit also diese Wirkung beabsichtigt ist, ist es empfehlenswert, das Bezugsrecht zunächst nur widerruflich einzuräumen.

6.5 Begünstigter Personenkreis

Die im fünften Schritt zu treffende Entscheidung über den begünstigten Personenkreis und somit die Dotierung im Einzelfall, unterliegt der Mitbestimmung durch den Betriebsrat.

Darüber hinaus sind an dieser Stelle die umfangreichen Regelungen zur Gleichbehandlung aus AGG, TzBfG und Rechtsprechung zu berücksichtigen. Entsprechend groß ist hier das Risiko, eine aus rechtlicher Sicht falsche Entscheidung zu treffen.

Die Regelungen über den begünstigten Personenkreis und die Höhe der jeweiligen Ansprüche bildet den Kern jeder Versorgungsordnung.

Eine relativ einfache und nach aktueller Rechtslage nicht zu beanstandende Regelung wäre beispielsweise:

Wir gewähren allen Mitarbeitern die sich für eine Entgeltumwandlung entscheiden einen Arbeitgeberzuschuss zur betrieblichen Altersvorsorge in Höhe von 10 % des

Umwandlungsbetrages, wenn diese vor Zusageerteilung mindesten fünf Jahren im Unternehmen beschäftigt waren. Meister und Techniker erhalten davon abweichend einen Arbeitgeberzuschuss in Höhe von 20 % des Umwandlungsbetrages. Führungskräfte ab der 2. Ebene erhalten ab dem 6. Jahr ihrer Betriebszugehörigkeit auch ohne Entgeltumwandlung einen Arbeitgeberzuschuss in Höhe von 10 % ihrer jeweiligen Bruttobezüge.

Eine solche Regelung entspricht in allen Teilen den Anforderungen der Gleichbehandlung und berücksichtigt dabei gleichzeitig die regelmäßig mit der Einrichtung einer betrieblichen Altersvorsorge beabsichtigte Motivations- und Bindungswirkung für besonders wertvolle Mitarbeiter.

6.6   Mitarbeiterinformation

Im letzten Schritt ist die geeignete Information und Beratung der Mitarbeiter sicher zu stellen. Wie bereits ausgeführt besteht zwar nach aktueller Rechtslage keine allgemeine Informations- oder Beratungspflicht auf Seiten des Arbeitgebers. Da aber in Einzelfällen eine solche Informations- und/oder Beratungspflicht sehr wohl in Betracht kommt und darüber hinaus eine beabsichtigte Motivations- und/oder Bindungswirkung nur entsteht, wenn die betreffenden Mitarbeiter darüber informiert sind, ist mit der Einrichtung einer Versorgungsordnung immer auch die Information der Mitarbeiter in geeigneter Weise sicher zu stellen.

Eine geeignete Variante ist beispielsweise die schriftliche Belehrung des Mitarbeiters gegen Unterschrift zu Beginn des Arbeitsverhältnisses und die zeitnahe, obligatorische Beratung durch einen vom Unternehmen beauftragten Spezialisten. Denn selbst wenn die Versorgungsordnung wie in obigem Beispiel eine Wartezeit für Arbeitgeberleistungen enthält, besteht doch der Anspruch auf Entgeltumwandlung bereits von Beginn an. Insofern würde eine spätere Information und Beratung des Arbeitnehmers zu kurz greifen.

Die Unterlagen mit der Unterschrift des Arbeitnehmers und mit einem Vermerk über seine Entscheidung bezüglich des Rechts auf Entgeltumwandlung sollten dann zu den Personalunterlagen genommen und auch nach dem Ausscheiden aufbewahrt werden, um bei eventuellen Rechtsstreitigkeiten darauf zurück greifen zu können.

Anhang

Wichtige Gesetzestexte

Gesetz zur Verbesserung der betrieblichen Altersversorgung (Betriebsrentengesetz – BetrAVG) – Auszug

Erster Abschnitt Durchführung der betrieblichen Altersversorgung

§ 1 Zusage des Arbeitgebers auf betriebliche Altersvorsorge

(1) Werden einem Arbeitnehmer Leistungen der Alters-, Invaliditäts- oder Hinterbliebenenversorgung aus Anlass seines Arbeitsverhältnisses vom Arbeitgeber zugesagt (betriebliche Altersversorgung), gelten die Vorschriften dieses Gesetzes. Die Durchführung der betrieblichen Altersversorgung kann unmittelbar über den Arbeitgeber oder über einen der in § 1b Abs. 2 bis 4 genannten Versorgungsträger erfolgen. Der Arbeitgeber steht für die Erfüllung der von ihm zugesagten Leistungen auch dann ein, wenn die Durchführung nicht unmittelbar über ihn erfolgt.

(2) Betriebliche Altersversorgung liegt auch vor, wenn

1. der Arbeitgeber sich verpflichtet, bestimmte Beiträge in eine Anwartschaft auf Alters-, Invaliditäts- oder Hinterbliebenenversorgung umzuwandeln (beitragsorientierte Leistungszusage),
2. der Arbeitgeber sich verpflichtet, Beiträge zur Finanzierung von Leistungen der betrieblichen Altersversorgung an einen Pensionsfonds, eine Pensionskasse oder eine Direktversicherung zu zahlen und für Leistungen zur Altersversorgung

---

© Springer Fachmedien Wiesbaden GmbH, ein Teil von Springer Nature 2020
R. Schwarz, *Betriebliche Altersvorsorge*,
https://doi.org/10.1007/978-3-658-30973-2

das planmäßig zuzurechnende Versorgungskapital auf der Grundlage der gezahlten Beiträge (Beiträge und die daraus erzielten Erträge), mindestens die Summe der zugesagten Beiträge, soweit sie nicht rechnungsmäßig für einen biometrischen Risikoausgleich verbraucht wurden, hierfür zur Verfügung zu stellen (Beitragszusage mit Mindestleistung),

2a. der Arbeitgeber durch Tarifvertrag oder auf Grund eines Tarifvertrages in einer Betriebs- oder Dienstvereinbarung verpflichtet wird, Beiträge zur Finanzierung von Leistungen der betrieblichen Altersversorgung an einen Pensionsfonds, eine Pensionskasse oder eine Direktversicherung nach § 22 zu zahlen; die Pflichten des Arbeitgebers nach Absatz 1 Satz 3, § 1a Absatz 4 Satz 2, den §§ 1b bis 6 und 16 sowie die Insolvenzsicherungspflicht nach dem Vierten Abschnitt bestehen nicht (reine Beitragszusage),

3. künftige Entgeltansprüche in eine wertgleiche Anwartschaft auf Versorgungsleistungen umgewandelt werden (Entgeltumwandlung) oder

4. der Arbeitnehmer Beiträge aus seinem Arbeitsentgelt zur Finanzierung von Leistungen der betrieblichen Altersversorgung an einen Pensionsfonds, eine Pensionskasse oder eine Direktversicherung leistet und die Zusage des Arbeitgebers auch die Leistungen aus diesen Beiträgen umfasst; die Regelungen für Entgeltumwandlung sind hierbei entsprechend anzuwenden, soweit die zugesagten Leistungen aus diesen Beiträgen im Wege der Kapitaldeckung finanziert werden.

§ 1a Anspruch auf betriebliche Altersversorgung durch Entgeltumwandlung
(1) Der Arbeitnehmer kann vom Arbeitgeber verlangen, dass von seinen künftigen Entgeltansprüchen bis zu 4 vom Hundert der jeweiligen Beitragsbemessungsgrenze in der allgemeinen Rentenversicherung durch Entgeltumwandlung für seine betriebliche Altersversorgung verwendet werden. Die Durchführung des Anspruchs des Arbeitnehmers wird durch Vereinbarung geregelt. Ist der Arbeitgeber zu einer Durchführung über einen Pensionsfonds oder eine Pensionskasse (§ 1b Abs. 3) oder über eine Versorgungseinrichtung nach § 22 bereit, ist die betriebliche Altersversorgung dort durchzuführen; andernfalls kann der Arbeitnehmer verlangen, dass der Arbeitgeber für ihn eine Direktversicherung (§ 1b Abs. 2) abschließt. Soweit der Anspruch geltend gemacht wird, muss der Arbeitnehmer jährlich einen Betrag in Höhe von mindestens einem Hundertsechzigstel der Bezugsgröße nach § 18 Abs. 1 des Vierten Buches Sozialgesetzbuch für seine betriebliche Altersversorgung verwenden. Soweit der Arbeitnehmer Teile seines regelmäßigen Entgelts für betriebliche Altersversorgung verwendet, kann der Arbeitgeber verlangen, dass während eines laufenden Kalenderjahres gleich bleibende monatliche Beträge verwendet werden.

(2) Soweit eine durch Entgeltumwandlung finanzierte betriebliche Altersversorgung besteht, ist der Anspruch des Arbeitnehmers auf Entgeltumwandlung ausgeschlossen.

(3) Soweit der Arbeitnehmer einen Anspruch auf Entgeltumwandlung für betriebliche Altersversorgung nach Abs. 1 hat, kann er verlangen, dass die Voraussetzungen für eine Förderung nach den §§ 10a, 82 Abs. 2 des Einkommensteuergesetzes erfüllt werden, wenn die betriebliche Altersversorgung über einen Pensionsfonds, eine Pensionskasse oder eine Direktversicherung durchgeführt wird.

(4) Falls der Arbeitnehmer bei fortbestehendem Arbeitsverhältnis kein Entgelt erhält, hat er das Recht, die Versicherung oder Versorgung mit eigenen Beiträgen fortzusetzen. Der Arbeitgeber steht auch für die Leistungen aus diesen Beiträgen ein. Die Regelungen über Entgeltumwandlung gelten entsprechend.

§ 1b Unverfallbarkeit und Durchführung der betrieblichen Altersversorgung
(1) Einem Arbeitnehmer, dem Leistungen aus der betrieblichen Altersversorgung zugesagt worden sind, bleibt die Anwartschaft erhalten, wenn das Arbeitsverhältnis vor Eintritt des Versorgungsfalls, jedoch nach Vollendung des 21. Lebensjahres endet und die Versorgungszusage zu diesem Zeitpunkt mindestens drei Jahre bestanden hat (unverfallbare Anwartschaft). Ein Arbeitnehmer behält seine Anwartschaft auch dann, wenn er aufgrund einer Vorruhestandsregelung ausscheidet und ohne das vorherige Ausscheiden die Wartezeit und die sonstigen Voraussetzungen für den Bezug von Leistungen der betrieblichen Altersversorgung hätte erfüllen können. Eine Änderung der Versorgungszusage oder ihre Übernahme durch eine andere Person unterbricht nicht den Ablauf der Fristen nach Satz 1. Der Verpflichtung aus einer Versorgungszusage stehen Versorgungsverpflichtungen gleich, die auf betrieblicher Übung oder dem Grundsatz der Gleichbehandlung beruhen. Der Ablauf einer vorgesehenen Wartezeit wird durch die Beendigung des Arbeitsverhältnisses nach Erfüllung der Voraussetzungen der Sätze 1 und 2 nicht berührt. Wechselt ein Arbeitnehmer vom Geltungsbereich dieses Gesetzes in einen anderen Mitgliedstaat der Europäischen Union, bleibt die Anwartschaft in gleichem Umfange wie für Personen erhalten, die auch nach Beendigung eines Arbeitsverhältnisses innerhalb des Geltungsbereichs dieses Gesetzes verbleiben.

(2) Wird für die betriebliche Altersversorgung eine Lebensversicherung auf das Leben des Arbeitnehmers durch den Arbeitgeber abgeschlossen und sind der Arbeitnehmer oder seine Hinterbliebenen hinsichtlich der Leistungen des Versicherers ganz oder teilweise bezugsberechtigt (Direktversicherung), so ist der Arbeitgeber verpflichtet, wegen Beendigung des Arbeitsverhältnisses nach Erfüllung der in Absatz 1 Satz 1 und 2 genannten Voraussetzungen das Bezugsrecht nicht mehr

zu widerrufen. Eine Vereinbarung, nach der das Bezugsrecht durch die Beendigung des Arbeitsverhältnisses nach Erfüllung der in Absatz 1 Satz 1 und 2 genannten Voraussetzungen auflösend bedingt ist, ist unwirksam. Hat der Arbeitgeber die Ansprüche aus dem Versicherungsvertrag abgetreten oder beliehen, so ist er verpflichtet, den Arbeitnehmer, dessen Arbeitsverhältnis nach Erfüllung der in Absatz 1 Satz 1 und 2 genannten Voraussetzungen geendet hat, bei Eintritt des Versicherungsfalles so zu stellen, als ob die Abtretung oder Beleihung nicht erfolgt wäre. Als Zeitpunkt der Erteilung der Versorgungszusage im Sinne des Absatzes 1 gilt der Versicherungsbeginn, frühestens jedoch der Beginn der Betriebszugehörigkeit.

(3) Wird die betriebliche Altersversorgung von einer rechtsfähigen Versorgungseinrichtung durchgeführt, die dem Arbeitnehmer oder seinen Hinterbliebenen auf ihre Leistungen einen Rechtsanspruch gewährt (Pensionskasse und Pensionsfonds), so gilt Absatz 1 entsprechend. Als Zeitpunkt der Erteilung der Versorgungszusage im Sinne des Absatzes 1 gilt der Versicherungsbeginn, frühestens jedoch der Beginn der Betriebszugehörigkeit.

(4) Wird die betriebliche Altersversorgung von einer rechtsfähigen Versorgungseinrichtung durchgeführt, die auf ihre Leistungen keinen Rechtsanspruch gewährt (Unterstützungskasse), so sind die nach Erfüllung der in Absatz 1 Satz 1 und 2 genannten Voraussetzungen und vor Eintritt des Versorgungsfalles aus dem Unternehmen ausgeschiedenen Arbeitnehmer und ihre Hinterbliebenen den bis zum Eintritt des Versorgungsfalles dem Unternehmen angehörenden Arbeitnehmern und deren Hinterbliebenen gleichgestellt. Die Versorgungszusage gilt in dem Zeitpunkt als erteilt im Sinne des Absatzes 1, von dem an der Arbeitnehmer zum Kreis der Begünstigten der Unterstützungskasse gehört.

(5) Soweit betriebliche Altersversorgung durch Entgeltumwandlung einschließlich eines möglichen Arbeitgeberzuschusses nach § 1a Absatz 1a erfolgt, behält der Arbeitnehmer seine Anwartschaft, wenn sein Arbeitsverhältnis vor Eintritt des Versorgungsfalles endet; in den Fällen der Absätze 2 und 3

1. dürfen die Überschussanteile nur zur Verbesserung der Leistung verwendet,
2. muss dem ausgeschiedenen Arbeitnehmer das Recht zur Fortsetzung der Versicherung oder Versorgung mit eigenen Beiträgen eingeräumt und
3. muss das Recht zur Verpfändung, Abtretung oder Beleihung durch den Arbeitgeber ausgeschlossen werden.

Im Fall einer Direktversicherung ist dem Arbeitnehmer darüber hinaus mit Beginn der Entgeltumwandlung ein unwiderrufliches Bezugsrecht einzuräumen.

§ 2 Höhe der unverfallbaren Anwartschaft

(1) Bei Eintritt des Versorgungsfalles wegen Erreichens der Altersgrenze, wegen Invalidität oder Tod haben ein vorher ausgeschiedener Arbeitnehmer, dessen Anwartschaft nach § 1b fortbesteht, und seine Hinterbliebenen einen Anspruch mindestens in Höhe des Teiles der ohne das vorherige Ausscheiden zustehenden Leistung, der dem Verhältnis der Dauer der Betriebszugehörigkeit zu der Zeit vom Beginn der Betriebszugehörigkeit bis zum Erreichen der Regelaltersgrenze in der gesetzlichen Rentenversicherung entspricht; an die Stelle des Erreichens der Regelaltersgrenze tritt ein früherer Zeitpunkt, wenn dieser in der Versorgungsregelung als feste Altersgrenze vorgesehen ist, spätestens der Zeitpunkt der Vollendung des 65. Lebensjahres, falls der Arbeitnehmer ausscheidet und gleichzeitig eine Altersrente aus der gesetzlichen Rentenversicherung für besonders langjährig Versicherte in Anspruch nimmt. Der Mindestanspruch auf Leistungen wegen Invalidität oder Tod vor Erreichen der Altersgrenze ist jedoch nicht höher als der Betrag, den der Arbeitnehmer oder seine Hinterbliebenen erhalten hätten, wenn im Zeitpunkt des Ausscheidens der Versorgungsfall eingetreten wäre und die sonstigen Leistungsvoraussetzungen erfüllt gewesen wären.

(2) Ist bei einer Direktversicherung der Arbeitnehmer nach Erfüllung der Voraussetzungen des § 1b Abs. 1 und 5 vor Eintritt des Versorgungsfalls ausgeschieden, so gilt Absatz 1 mit der Maßgabe, dass sich der vom Arbeitgeber zu finanzierende Teilanspruch nach Absatz 1, soweit er über die von dem Versicherer nach dem Versicherungsvertrag auf Grund der Beiträge des Arbeitgebers zu erbringende Versicherungsleistung hinausgeht, gegen den Arbeitgeber richtet. An die Stelle der Ansprüche nach Satz 1 tritt auf Verlangen des Arbeitgebers die von dem Versicherer auf Grund des Versicherungsvertrags zu erbringende Versicherungsleistung, wenn

1. spätestens nach 3 Monaten seit dem Ausscheiden des Arbeitnehmers das Bezugsrecht unwiderruflich ist und eine Abtretung oder Beleihung des Rechts aus dem Versicherungsvertrag durch den Arbeitgeber und Beitragsrückstände nicht vorhanden sind,
2. vom Beginn der Versicherung, frühestens jedoch vom Beginn der Betriebszugehörigkeit an, nach dem Versicherungsvertrag die Überschussanteile nur zur Verbesserung der Versicherungsleistung zu verwenden sind und
3. der ausgeschiedene Arbeitnehmer nach dem Versicherungsvertrag das Recht zur Fortsetzung der Versicherung mit eigenen Beiträgen hat. Der Arbeitgeber kann sein Verlangen nach Satz 2 nur innerhalb von 3 Monaten seit dem Ausscheiden des Arbeitnehmers diesem und dem Versicherer mitteilen. Der ausgeschiedene Arbeitnehmer darf die Ansprüche aus dem Versicherungsvertrag in

Höhe des durch Beitragszahlungen des Arbeitgebers gebildeten geschäftsplan-
mäßigen Deckungskapitals oder, soweit die Berechnung des Deckungskapitals
nicht zum Geschäftsplan gehört, des nach § 169 Abs. 3 und 4 des Versicherungsvertragsgesetzes berechneten Wertes weder abtreten noch beleihen. In dieser Höhe darf der Rückkaufswert auf Grund einer Kündigung des Versiche-
rungsvertrags nicht in Anspruch genommen werden; im Falle einer Kündigung
wird die Versicherung in eine prämienfreie Versicherung umgewandelt. § 169
Abs. 1 des Versicherungsvertragsgesetzes findet insoweit keine Anwendung.
Eine Abfindung des Anspruchs nach § 3 ist weiterhin möglich.

(3) Für Pensionskassen gilt Absatz 1 mit der Maßgabe, dass sich der vom Arbeitgeber zu finanzierende Teilanspruch nach Absatz 1, soweit er über die von der
Pensionskasse nach dem aufsichtsbehördlich genehmigten Geschäftsplan oder, soweit eine aufsichtsbehördliche Genehmigung nicht vorgeschrieben ist, nach den
allgemeinen Versicherungsbedingungen und den fachlichen Geschäftsunterlagen
im Sinne des § 9 Absatz 2 Nummer 2 in Verbindung mit § 234 Absatz 3 Nummer 1
des Versicherungsaufsichtsgesetzes (Geschäftsunterlagen) auf Grund der Beiträge
des Arbeitgebers zu erbringende Leistung hinausgeht, gegen den Arbeitgeber richtet. An die Stelle der Ansprüche nach Satz 1 tritt auf Verlangen des Arbeitgebers die
von der Pensionskasse auf Grund des Geschäftsplans oder der Geschäftsunterlagen
zu erbringende Leistung, wenn nach dem aufsichtsbehördlich genehmigten Geschäftsplan oder den Geschäftsunterlagen

1. vom Beginn der Versicherung, frühestens jedoch vom Beginn der Betriebszugehörigkeit an, Überschussanteile, die auf Grund des Finanzierungsverfahrens
   regelmäßig entstehen, nur zur Verbesserung der Versicherungsleistung zu verwenden sind oder die Steigerung der Versorgungsanwartschaften des Arbeitnehmers der Entwicklung seines Arbeitsentgelts, soweit es unter den jeweiligen
   Beitragsbemessungsgrenzen der gesetzlichen Rentenversicherungen liegt, entspricht und
2. der ausgeschiedene Arbeitnehmer das Recht zur Fortsetzung der Versicherung
   mit eigenen Beiträgen hat. Absatz 2 Satz 3 bis 7 gilt entsprechend.
3. der ausgeschiedene Arbeitnehmer nach dem Versicherungsvertrag das Recht
   zur Fortsetzung der Versicherung mit eigenen Beiträgen hat. Der Arbeitgeber
   kann sein Verlangen nach Satz 2 nur innerhalb von 3 Monaten seit dem Ausscheiden des Arbeitnehmers diesem und dem Versicherer mitteilen. Der ausgeschiedene Arbeitnehmer darf die Ansprüche aus dem Versicherungsvertrag in
   Höhe des durch Beitragszahlungen des Arbeitgebers gebildeten geschäftsplan-
   mäßigen Deckungskapitals oder, soweit die Berechnung des Deckungskapitals

nicht zum Geschäftsplan gehört, des nach § 169 Abs. 3 und 4 des Versiche-rungsvertragsgesetzes berechneten Wertes weder abtreten noch beleihen. In die-ser Höhe darf der Rückkaufswert auf Grund einer Kündigung des Versiche-rungsvertrags nicht in Anspruch genommen werden; im Falle einer Kündigung wird die Versicherung in eine prämienfreie Versicherung umgewandelt. § 169 Abs. 1 des Versicherungsvertragsgesetzes findet insoweit keine Anwendung. Eine Abfindung des Anspruchs nach § 3 ist weiterhin möglich.

(3a) Für Pensionsfonds gilt Absatz 1 mit der Maßgabe, dass sich der vom Ar-beitgeber zu finanzierende Teilanspruch, soweit er über die vom Pensionsfonds auf der Grundlage der nach dem geltenden Pensionsplan im Sinne des § 237 Absatz 3 Nummer 2 und 3 des Versicherungsaufsichtsgesetzes berechnete Deckungsrück-stellung hinausgeht, gegen den Arbeitgeber richtet.

(4) Eine Unterstützungskasse hat bei Eintritt des Versorgungsfalls einem vor-zeitig ausgeschiedenen Arbeitnehmer, der nach § 1b Abs. 4 gleichgestellt ist, und seinen Hinterbliebenen mindestens den nach Absatz 1 berechneten Teil der Ver-sorgung zu gewähren.

(5) Bei einer unverfallbaren Anwartschaft aus Entgeltumwandlung tritt an die Stelle der Ansprüche nach Absatz 1, 3a oder 4 die vom Zeitpunkt der Zusage auf betriebliche Altersversorgung bis zum Ausscheiden des Arbeitnehmers erreichte Anwartschaft auf Leistungen aus den bis dahin umgewandelten Entgeltbestand-teilen; dies gilt entsprechend für eine unverfallbare Anwartschaft aus Beiträgen im Rahmen einer beitragsorientierten Leistungszusage.

(6) An die Stelle der Ansprüche nach den Absätzen 2, 3, 3a und 5 tritt bei einer Beitragszusage mit Mindestleistung das dem Arbeitnehmer planmäßig zuzurech-nende Versorgungskapital auf der Grundlage der bis zu seinem Ausscheiden ge-leisteten Beiträge (Beiträge und die bis zum Eintritt des Versorgungsfalls erzielten Erträge), mindestens die Summe der bis dahin zugesagten Beiträge, soweit sie nicht rechnungsmäßig für einen biometrischen Risikoausgleich verbraucht wurden.

§ 3 Abfindung

(1) Unverfallbare Anwartschaften im Falle der Beendigung des Arbeitsverhältnis-ses und laufende Leistungen dürfen nur unter den Voraussetzungen der folgenden Absätze abgefunden werden.

(2) Der Arbeitgeber kann eine Anwartschaft ohne Zustimmung des Arbeitneh-mers abfinden, wenn der Monatsbetrag der aus der Anwartschaft resultierenden laufenden Leistung bei Erreichen der vorgesehenen Altersgrenze 1 vom Hundert, bei Kapitalleistungen zwölf Zehntel der monatlichen Bezugsgröße nach § 18 des Vierten Buches Sozialgesetzbuch nicht übersteigen würde. Dies gilt entsprechend

für die Abfindung einer laufenden Leistung. Die Abfindung einer Anwartschaft bedarf der Zustimmung des Arbeitnehmers, wenn dieser nach Beendigung des Arbeitsverhältnisses ein neues Arbeitsverhältnis in einem anderen Mitgliedstaat der Europäischen Union begründet und dies innerhalb von drei Monaten nach Beendigung des Arbeitsverhältnisses seinem ehemaligen Arbeitgeber mitteilt. Die Abfindung ist unzulässig, wenn der Arbeitnehmer von seinem Recht auf Übertragung der Anwartschaft Gebrauch macht.

(3) Die Anwartschaft ist auf Verlangen des Arbeitnehmers abzufinden, wenn die Beiträge zur gesetzlichen Rentenversicherung erstattet worden sind.

(4) Der Teil der Anwartschaft, der während eines Insolvenzverfahrens erdient worden ist, kann ohne Zustimmung des Arbeitnehmers abgefunden werden, wenn die Betriebstätigkeit vollständig eingestellt und das Unternehmen liquidiert wird.

(5) Für die Berechnung des Abfindungsbetrages gilt § 4 Abs. 5 entsprechend.

(6) Die Abfindung ist gesondert auszuweisen und einmalig zu zahlen.

§ 4 Übertragung

(1) Unverfallbare Anwartschaften und laufende Leistungen dürfen nur unter den Voraussetzungen der folgenden Absätze übertragen werden.

(2) Nach Beendigung des Arbeitsverhältnisses kann im Einvernehmen des ehemaligen mit dem neuen Arbeitgeber sowie dem Arbeitnehmer

1. die Zusage vom neuen Arbeitgeber übernommen werden oder
2. der Wert der vom Arbeitnehmer erworbenen unverfallbaren Anwartschaft auf betriebliche Altersversorgung (Übertragungswert) auf den neuen Arbeitgeber übertragen werden, wenn dieser eine wertgleiche Zusage erteilt; für die neue Anwartschaft gelten die Regelungen über Entgeltumwandlung entsprechend.

(3) Der Arbeitnehmer kann innerhalb eines Jahres nach Beendigung des Arbeitsverhältnisses von seinem ehemaligen Arbeitgeber verlangen, dass der Übertragungswert auf den neuen Arbeitgeber oder auf die Versorgungseinrichtung nach § 22 des neuen Arbeitgebers übertragen wird, wenn

1. die betriebliche Altersversorgung über einen Pensionsfonds, eine Pensionskasse oder eine Direktversicherung durchgeführt worden ist und
2. der Übertragungswert die Beitragsbemessungsgrenze in der allgemeinen Rentenversicherung nicht übersteigt.

Der Anspruch richtet sich gegen den Versorgungsträger, wenn der ehemalige Arbeitgeber die versicherungsförmige Lösung nach § 2 Abs. 2 oder 3 gewählt hat oder soweit der Arbeitnehmer die Versicherung oder Versorgung mit eigenen Beiträgen fortgeführt hat. Der neue Arbeitgeber ist verpflichtet, eine dem Übertragungswert wertgleiche Zusage zu erteilen und über einen Pensionsfonds, eine Pensionskasse oder eine Direktversicherung durchzuführen. Für die neue Anwartschaft gelten die Regelungen über Entgeltumwandlung entsprechend. Ist der neue Arbeitgeber zu einer Durchführung über eine Versorgungseinrichtung nach § 22 bereit, ist die betriebliche Altersversorgung dort durchzuführen; die Sätze 3 und 4 sind in diesem Fall nicht anzuwenden.

(4) Wird die Betriebstätigkeit eingestellt und das Unternehmen liquidiert, kann eine Zusage von einer Pensionskasse oder einem Unternehmen der Lebensversicherung ohne Zustimmung des Arbeitnehmers oder Versorgungsempfängers übernommen werden, wenn sichergestellt ist, dass die Überschussanteile ab Rentenbeginn entsprechend § 16 Abs. 3 Nr. 2 verwendet werden. § 2 Abs. 2 Satz 4 bis 6 gilt entsprechend.

(5) Der Übertragungswert entspricht bei einer unmittelbar über den Arbeitgeber oder über eine Unterstützungskasse durchgeführten betrieblichen Altersversorgung dem Barwert der nach § 2 bemessenen künftigen Versorgungsleistung im Zeitpunkt der Übertragung; bei der Berechnung des Barwerts sind die Rechnungsgrundlagen sowie die anerkannten Regeln der Versicherungsmathematik maßgebend. Soweit die betriebliche Altersversorgung über einen Pensionsfonds, eine Pensionskasse oder eine Direktversicherung durchgeführt worden ist, entspricht der Übertragungswert dem gebildeten Kapital im Zeitpunkt der Übertragung.

(6) Mit der vollständigen Übertragung des Übertragungswerts erlischt die Zusage des ehemaligen Arbeitgebers.

§ 4a Auskunftsanspruch

(1) Der Arbeitgeber oder der Versorgungsträger hat dem Arbeitnehmer auf dessen Verlangen mitzuteilen,

1. ob und wie eine Anwartschaft auf betriebliche Altersversorgung erworben wird,
2. wie hoch der Anspruch auf betriebliche Altersversorgung aus der bisher erworbenen Anwartschaft ist und bei Erreichen der in der Versorgungsregelung vorgesehenen Altersgrenze voraussichtlich sein wird,
3. wie sich eine Beendigung des Arbeitsverhältnisses auf die Anwartschaft auswirkt und
4. wie sich die Anwartschaft nach einer Beendigung des Arbeitsverhältnisses entwickeln wird.

(2) Der Arbeitgeber oder der Versorgungsträger hat dem Arbeitnehmer oder dem ausgeschiedenen Arbeitnehmer auf dessen Verlangen mitzuteilen, wie hoch bei einer Übertragung der Anwartschaft nach § 4 Absatz 3 der Übertragungswert ist. Der neue Arbeitgeber oder der Versorgungsträger hat dem Arbeitnehmer auf dessen Verlangen mitzuteilen, in welcher Höhe aus dem Übertragungswert ein Anspruch auf Altersversorgung bestehen würde und ob eine Invaliditäts- oder Hinterbliebenenversorgung bestehen würde.

(3) Der Arbeitgeber oder der Versorgungsträger hat dem ausgeschiedenen Arbeitnehmer auf dessen Verlangen mitzuteilen, wie hoch die Anwartschaft auf betriebliche Altersversorgung ist und wie sich die Anwartschaft künftig entwickeln wird. Satz 1 gilt entsprechend für Hinterbliebene im Versorgungsfall.

(4) Die Auskunft muss verständlich, in Textform und in angemessener Frist erteilt werden.

Dritter Abschnitt Altersgrenze

§ 6 Vorzeitige Altersleistung
Einem Arbeitnehmer, der die Altersrente aus der gesetzlichen Rentenversicherung als Vollrente in Anspruch nimmt, sind auf sein Verlangen nach Erfüllung der Wartezeit und sonstiger Leistungsvoraussetzungen Leistungen der betrieblichen Altersversorgung zu gewähren. Fällt die Altersrente aus der gesetzlichen Rentenversicherung wieder weg oder wird sie auf einen Teilbetrag beschränkt, so können auch die Leistungen der betrieblichen Altersversorgung eingestellt werden. Der ausgeschiedene Arbeitnehmer ist verpflichtet, die Aufnahme oder Ausübung einer Beschäftigung oder Erwerbstätigkeit, die zu einem Wegfall oder zu einer Beschränkung der Altersrente aus der gesetzlichen Rentenversicherung führt, dem Arbeitgeber oder sonstigen Versorgungsträger unverzüglich anzuzeigen.

Fünfter Abschnitt Anpassung

§ 16 Anpassungsprüfungspflicht
(1) Der Arbeitgeber hat alle drei Jahre eine Anpassung der laufenden Leistungen der betrieblichen Altersversorgung zu prüfen und hierüber nach billigem Ermessen zu entscheiden; dabei sind insbesondere die Belange des Versorgungsempfängers und die wirtschaftliche Lage des Arbeitgebers zu berücksichtigen.

(2) Die Verpflichtung nach Absatz 1 gilt als erfüllt, wenn die Anpassung nicht geringer ist als der Anstieg

1. des Verbraucherpreisindexes für Deutschland oder
2. der Nettolöhne vergleichbarer Arbeitnehmergruppen des Unternehmens im Prüfungszeitraum.

(3) Die Verpflichtung nach Absatz 1 entfällt, wenn

3. der Arbeitgeber sich verpflichtet, die laufenden Leistungen jährlich um wenigstens eins vom Hundert anzupassen,
4. die betriebliche Altersversorgung über eine Direktversicherung im Sinne des § 1b Abs. 2 oder über eine Pensionskasse im Sinne des § 1b Abs. 3 durchgeführt wird und ab Rentenbeginn sämtliche auf den Rentenbestand entfallende Überschussanteile zur Erhöhung der laufenden Leistungen verwendet werden oder
5. eine Beitragszusage mit Mindestleistung erteilt wurde; Absatz 5 findet insoweit keine Anwendung.

(4) Sind laufende Leistungen nach Absatz 1 nicht oder nicht in vollem Umfang anzupassen (zu Recht unterbliebene Anpassung), ist der Arbeitgeber nicht verpflichtet, die Anpassung zu einem späteren Zeitpunkt nachzuholen. Eine Anpassung gilt als zu Recht unterblieben, wenn der Arbeitgeber dem Versorgungsempfänger die wirtschaftliche Lage des Unternehmens schriftlich dargelegt, der Versorgungsempfänger nicht binnen drei Kalendermonaten nach Zugang der Mitteilung schriftlich widersprochen hat und er auf die Rechtsfolgen eines nicht fristgemäßen Widerspruchs hingewiesen wurde.

(5) Soweit betriebliche Altersversorgung durch Entgeltumwandlung finanziert wird, ist der Arbeitgeber verpflichtet, die Leistungen mindestens entsprechend Absatz 3 Nr. 1 anzupassen oder im Falle der Durchführung über eine Direktversicherung oder eine Pensionskasse sämtliche Überschussanteile entsprechend Absatz 3 Nr. 2 zu verwenden.

(6) Eine Verpflichtung zur Anpassung besteht nicht für monatliche Raten im Rahmen eines Auszahlungsplans sowie für Renten ab Vollendung des 85. Lebensjahres im Anschluss an einen Auszahlungsplan.

Siebter Abschnitt Betriebliche Altersversorgung und Tarifvertrag

§ 19 Allgemeine Tariföffnungsklausel
(1) Von den §§ 1a, 2, 2a Absatz 1, 3 und 4, § 3, mit Ausnahme des § 3 Absatz 2 Satz 3, von den §§ 4, 5, 16, 18a Satz 1, §§ 27 und 28 kann in Tarifverträgen abgewichen werden.

(2) Die abweichenden Bestimmungen haben zwischen nichttarifgebundenen Arbeitgebern und Arbeitnehmern Geltung, wenn zwischen diesen die Anwendung der einschlägigen tariflichen Regelung vereinbart ist.

(3) Im Übrigen kann von den Bestimmungen dieses Gesetzes nicht zuungunsten des Arbeitnehmers abgewichen werden.

§ 20 Tarifvertrag und Entgeltumwandlung; Optionssysteme

(1) Soweit Entgeltansprüche auf einem Tarifvertrag beruhen, kann für diese eine Entgeltumwandlung nur vorgenommen werden, soweit dies durch Tarifvertrag vorgesehen oder durch Tarifvertrag zugelassen ist.

(2) In einem Tarifvertrag oder auf Grund eines Tarifvertrages in einer Betriebs- oder Dienstvereinbarung kann geregelt werden, dass der Arbeitgeber für alle Arbeitnehmer oder für eine Gruppe von Arbeitnehmern des Unternehmens oder einzelner Betriebe eine automatische Entgeltumwandlung einführt, gegen die der Arbeitnehmer ein Widerspruchsrecht hat (Optionssystem). Das Angebot des Arbeitgebers auf Entgeltumwandlung gilt als vom Arbeitnehmer angenommen, wenn er nicht widersprochen hat und das Angebot

1. in Textform und mindestens drei Monate vor der ersten Fälligkeit des umzuwandelnden Entgelts gemacht worden ist und
2. deutlich darauf hinweist,
   a. welcher Betrag und welcher Vergütungsbestandteil umgewandelt werden sollen und
   b. dass der Arbeitnehmer ohne Angabe von Gründen innerhalb einer Frist von mindestens einem Monat nach dem Zugang des Angebots widersprechen und die Entgeltumwandlung mit einer Frist von höchstens einem Monat beenden kann. Nichttarifgebundene Arbeitgeber können ein einschlägiges tarifvertragliches Optionssystem anwenden oder auf Grund eines einschlägigen Tarifvertrages durch Betriebs- oder Dienstvereinbarung die Einführung eines Optionssystems regeln; Satz 2 gilt entsprechend.

§ 21 Tarifvertragsparteien

(1) Vereinbaren die Tarifvertragsparteien eine betriebliche Altersversorgung in Form der reinen Beitragszusage, müssen sie sich an deren Durchführung und Steuerung beteiligen.

(2) Die Tarifvertragsparteien sollen im Rahmen von Tarifverträgen nach Absatz 1 bereits bestehende Betriebsrentensysteme angemessen berücksichtigen. Die Tarifvertragsparteien müssen insbesondere prüfen, ob auf der Grundlage einer Betriebs- oder Dienstvereinbarung oder, wenn ein Betriebs- oder Personalrat nicht

besteht, durch schriftliche Vereinbarung zwischen Arbeitgeber und Arbeitnehmer, tarifvertraglich vereinbarte Beiträge für eine reine Beitragszusage für eine andere nach diesem Gesetz zulässige Zusageart verwendet werden dürfen.

(3) Die Tarifvertragsparteien sollen nichttarifgebundenen Arbeitgebern und Arbeitnehmern den Zugang zur durchführenden Versorgungseinrichtung nicht verwehren. Der durchführenden Versorgungseinrichtung dürfen im Hinblick auf die Aufnahme und Verwaltung von Arbeitnehmern nichttarifgebundener Arbeitgeber keine sachlich unbegründeten Vorgaben gemacht werden.

(4) Wird eine reine Beitragszusage über eine Direktversicherung durchgeführt, kann eine gemeinsame Einrichtung nach § 4 des Tarifvertragsgesetzes als Versicherungsnehmer an die Stelle des Arbeitgebers treten.

§ 22 Arbeitnehmer und Versorgungseinrichtung

(1) Bei einer reinen Beitragszusage hat der Pensionsfonds, die Pensionskasse oder die Direktversicherung dem Versorgungsempfänger auf der Grundlage des planmäßig zuzurechnenden Versorgungskapitals laufende Leistungen der betrieblichen Altersversorgung zu erbringen. Die Höhe der Leistungen darf nicht garantiert werden.

(2) Die auf den gezahlten Beiträgen beruhende Anwartschaft auf Altersrente ist sofort unverfallbar. Die Erträge der Versorgungseinrichtung müssen auch dem ausgeschiedenen Arbeitnehmer zugutekommen.

(3) Der Arbeitnehmer hat gegenüber der Versorgungseinrichtung das Recht,

1. nach Beendigung des Arbeitsverhältnisses
   a. die Versorgung mit eigenen Beiträgen fortzusetzen oder
   b. innerhalb eines Jahres das gebildete Versorgungskapital auf die neue Versorgungseinrichtung, an die Beiträge auf der Grundlage einer reinen Beitragszusage gezahlt werden, zu übertragen,
2. entsprechend § 4a Auskunft zu verlangen und
3. entsprechend § 6 vorzeitige Altersleistungen in Anspruch zu nehmen.

(4) Die bei der Versorgungseinrichtung bestehende Anwartschaft ist nicht übertragbar, nicht beleihbar und nicht veräußerbar. Sie darf vorbehaltlich des Satzes 3 nicht vorzeitig verwertet werden. Die Versorgungseinrichtung kann Anwartschaften und laufende Leistungen bis zu der Wertgrenze in § 3 Absatz 2 Satz 1 abfinden; § 3 Absatz 2 Satz 2 gilt entsprechend.

(5) Für die Verjährung der Ansprüche gilt § 18a entsprechend.

§ 23 Zusatzbeiträge des Arbeitgebers

(1) Zur Absicherung der reinen Beitragszusage soll im Tarifvertrag ein Sicherungsbeitrag vereinbart werden.

(2) Bei einer reinen Beitragszusage ist im Fall der Entgeltumwandlung im Tarifvertrag zu regeln, dass der Arbeitgeber 15 % des umgewandelten Entgelts zusätzlich als Arbeitgeberzuschuss an die Versorgungseinrichtung weiterleiten muss, soweit der Arbeitgeber durch die Entgeltumwandlung Sozialversicherungsbeiträge einspart.

§ 24 Nichttarifgebundene Arbeitgeber und Arbeitnehmer

Nichttarifgebundene Arbeitgeber und Arbeitnehmer können die Anwendung der einschlägigen tariflichen Regelung vereinbaren.

Einkommensteuergesetz (EStG) – Auszug

Steuerfreie Einnahmen

§ 3

Steuerfrei sind

(…)

63. Beiträge des Arbeitgebers aus dem ersten Dienstverhältnis an einen Pensionsfonds, eine Pensionskasse oder für eine Direktversicherung zum Aufbau einer kapitalgedeckten betrieblichen Altersversorgung, bei der eine Auszahlung der zugesagten Alters-, Invaliditäts- oder Hinterbliebenenversorgungsleistungen in Form einer Rente oder eines Auszahlungsplans (§ 1 Absatz 1 Satz 1 Nummer 4 des Altersvorsorgeverträge-Zertifizierungsgesetzes vom 26. Juni 2001 (BGBl. I S. 1310, 1322), das zuletzt durch Artikel 7 des Gesetzes vom 5. Juli 2004 (BGBl. I S. 1427) geändert worden ist, in der jeweils geltenden Fassung) vorgesehen ist, soweit die Beiträge im Kalenderjahr 8 % der Beitragsbemessungsgrenze in der allgemeinen Rentenversicherung nicht übersteigen.

Dies gilt nicht, soweit der Arbeitnehmer nach § 1a Absatz 3 des Betriebsrentengesetzes verlangt hat, dass die Voraussetzungen für eine Förderung nach § 10a oder Abschnitt XI erfüllt werden.

Aus Anlass der Beendigung des Dienstverhältnisses geleistete Beiträge im Sinne des Satzes 1 sind steuerfrei, soweit sie 4 % der Beitragsbemessungsgrenze in der allgemeinen Rentenversicherung, vervielfältigt mit der Anzahl der Kalenderjahre, in denen das Dienstverhältnis des Arbeitnehmers zu dem Arbeitgeber bestanden hat, höchstens jedoch zehn Kalenderjahre, nicht übersteigen.

Beiträge im Sinne des Satzes 1, die für Kalenderjahre nachgezahlt werden, in denen das erste Dienstverhältnis ruhte und vom Arbeitgeber im Inland kein steuerpflichtiger Arbeitslohn bezogen wurde, sind steuerfrei, soweit sie 8 % der Beitragsbemessungsgrenze in der allgemeinen Rentenversicherung, vervielfältigt mit der Anzahl dieser Kalenderjahre, höchstens jedoch zehn Kalenderjahre, nicht übersteigen; (…).

§ 10a Zusätzliche Altersvorsorge

(1) [1]In der inländischen gesetzlichen Rentenversicherung Pflichtversicherte können Altersvorsorgebeiträge (§ 82) zuzüglich der dafür nach Abschnitt XI zustehenden Zulage jährlich bis zu 2100 € als Sonderausgaben abziehen; das Gleiche gilt für

1. Empfänger von inländischer Besoldung nach dem Bundesbesoldungsgesetz oder einem Landesbesoldungsgesetz,
2. Empfänger von Amtsbezügen aus einem inländischen Amtsverhältnis, deren Versorgungsrecht die entsprechende Anwendung des § 69e Absatz 3 und 4 des Beamtenversorgungsgesetzes vorsieht,
3. die nach § 5 Absatz 1 Satz 1 Nummer 2 und 3 des Sechsten Buches Sozialgesetzbuch versicherungsfrei Beschäftigten, die nach § 6 Absatz 1 Satz 1 Nummer 2 oder nach § 230 Absatz 2 Satz 2 des Sechsten Buches Sozialgesetzbuch von der Versicherungspflicht befreiten Beschäftigten, deren Versorgungsrecht die entsprechende Anwendung des § 69e Absatz 3 und 4 des Beamtenversorgungsgesetzes vorsieht,
4. Beamte, Richter, Berufssoldaten und Soldaten auf Zeit, die ohne Besoldung beurlaubt sind, für die Zeit einer Beschäftigung, wenn während der Beurlaubung die Gewährleistung einer Versorgungsanwartschaft unter den Voraussetzungen des § 5 Absatz 1 Satz 1 des Sechsten Buches Sozialgesetzbuch auf diese Beschäftigung erstreckt wird, und
5. Steuerpflichtige im Sinne der Nummern 1 bis 4, die beurlaubt sind und deshalb keine Besoldung, Amtsbezüge oder Entgelt erhalten, sofern sie eine Anrechnung von Kindererziehungszeiten nach § 56 des Sechsten Buches Sozialgesetzbuch in Anspruch nehmen könnten, wenn die Versicherungsfreiheit in der inländischen gesetzlichen Rentenversicherung nicht bestehen würde, wenn sie spätestens bis zum Ablauf des zweiten Kalenderjahres, das auf das Beitragsjahr (§ 88) folgt, gegenüber der zuständigen Stelle (§ 81a) schriftlich eingewilligt haben, dass diese der zentralen Stelle (§ 81) jährlich mitteilt, dass der Steuerpflichtige zum begünstigten Personenkreis gehört, dass die zuständige Stelle der zentralen Stelle die für die Ermittlung des Mindesteigenbeitrags (§ 86) und die Gewährung der Kinderzulage (§ 85) erforderlichen Daten übermittelt und

die zentrale Stelle diese Daten für das Zulageverfahren verwenden darf.[2]Bei der Erteilung der Einwilligung ist der Steuerpflichtige darauf hinzuweisen, dass er die Einwilligung vor Beginn des Kalenderjahres, für das sie erstmals nicht mehr gelten soll, gegenüber der zuständigen Stelle widerrufen kann.[3]Versicherungspflichtige nach dem Gesetz über die Alterssicherung der Landwirte stehen Pflichtversicherten gleich; dies gilt auch für Personen, die

1. eine Anrechnungszeit nach § 58 Absatz 1 Nummer 3 oder Nummer 6 des Sechsten Buches Sozialgesetzbuch in der gesetzlichen Rentenversicherung erhalten und

2. unmittelbar vor einer Anrechnungszeit nach § 58 Absatz 1 Nummer 3 oder Nummer 6 des Sechsten Buches Sozialgesetzbuch einer der im ersten Halbsatz, in Satz 1 oder in Satz 4 genannten begünstigten Personengruppen angehörten.

[4]Die Sätze 1 und 2 gelten entsprechend für Steuerpflichtige, die nicht zum begünstigten Personenkreis nach Satz 1 oder 3 gehören und eine Rente wegen voller Erwerbsminderung oder Erwerbsunfähigkeit oder eine Versorgung wegen Dienstunfähigkeit aus einem der in Satz 1 oder 3 genannten Alterssicherungssysteme beziehen, wenn unmittelbar vor dem Bezug der entsprechenden Leistungen der Leistungsbezieher einer der in Satz 1 oder 3 genannten begünstigten Personengruppen angehörte; dies gilt nicht, wenn der Steuerpflichtige das 67. Lebensjahr vollendet hat.[5]Bei der Ermittlung der dem Steuerpflichtigen zustehenden Zulage nach Satz 1 bleibt die Erhöhung der Grundzulage nach § 84 Satz 2 außer Betracht.

(1a) [1]Sofern eine Zulagenummer (§ 90 Absatz 1 Satz 2) durch die zentrale Stelle oder eine Versicherungsnummer nach § 147 des Sechsten Buches Sozialgesetzbuch noch nicht vergeben ist, haben die in Absatz 1 Satz 1 Nummer 1 bis 5 genannten Steuerpflichtigen über die zuständige Stelle eine Zulagenummer bei der zentralen Stelle zu beantragen.[2]Für Empfänger einer Versorgung im Sinne des Absatzes 1 Satz 4 gilt Satz 1 entsprechend.

(2) [1]Ist der Sonderausgabenabzug nach Absatz 1 für den Steuerpflichtigen günstiger als der Anspruch auf die Zulage nach Abschnitt XI, erhöht sich die unter Berücksichtigung des Sonderausgabenabzugs ermittelte tarifliche Einkommensteuer um den Anspruch auf Zulage.[2]In den anderen Fällen scheidet der Sonderausgabenabzug aus.[3]Die Günstigerprüfung wird von Amts wegen vorgenommen.

(2a) [1]Der Sonderausgabenabzug setzt voraus, dass der Steuerpflichtige gegenüber dem Anbieter als mitteilungspflichtige Stelle in die Datenübermittlung nach Absatz 5 Satz 1 eingewilligt hat.[2]§ 10 Absatz 2a Satz 1 bis Satz 3 gilt entsprechend.[3]In den Fällen des Absatzes 3 Satz 2 und 5 ist die Einwilligung nach Satz 1 von beiden Ehegatten abzugeben.[4]Hat der Zulageberechtigte den Anbieter nach § 89 Absatz 1a bevollmächtigt oder liegt dem Anbieter ein Zulageantrag nach § 89 Absatz 1 vor, gilt die Einwilligung nach Satz 1 für das jeweilige Beitragsjahr als erteilt.

(3) [1]Der Abzugsbetrag nach Absatz 1 steht im Fall der Veranlagung von Ehegatten nach § 26 Absatz 1 jedem Ehegatten unter den Voraussetzungen des Absatzes 1 gesondert zu.[2]Gehört nur ein Ehegatte zu dem nach Absatz 1 begünstigten Personenkreis und ist der andere Ehegatte nach § 79 Satz 2 zulageberechtigt, sind bei dem nach Absatz 1 abzugsberechtigten Ehegatten die von beiden Ehegatten geleisteten Altersvorsorgebeiträge und die dafür zustehenden Zulagen bei der Anwendung der Absätze 1 und 2 zu berücksichtigen.[3]Der Höchstbetrag nach Absatz 1 Satz 1 erhöht sich in den Fällen des Satzes 2 um 60 €.[4]Dabei sind die von dem Ehegatten, der zu dem nach Absatz 1 begünstigten Personenkreis gehört, geleisteten Altersvorsorgebeiträge vorrangig zu berücksichtigen, jedoch mindestens 60 € der von dem anderen Ehegatten geleisteten Altersvorsorgebeiträge.[5]Gehören beide Ehegatten zu dem nach Absatz 1 begünstigten Personenkreis und liegt ein Fall der Veranlagung nach § 26 Absatz 1 vor, ist bei der Günstigerprüfung nach Absatz 2 der Anspruch auf Zulage beider Ehegatten anzusetzen.

(4) [1]Im Fall des Absatzes 2 Satz 1 stellt das Finanzamt die über den Zulageanspruch nach Abschnitt XI hinausgehende Steuerermäßigung gesondert fest und teilt diese der zentralen Stelle (§ 81) mit; § 10d Absatz 4 Satz 3 bis 5 gilt entsprechend.[2]Sind Altersvorsorgebeiträge zugunsten von mehreren Verträgen geleistet worden, erfolgt die Zurechnung im Verhältnis der nach Absatz 1 berücksichtigten Altersvorsorgebeiträge.[3]Ehegatten ist der nach Satz 1 festzustellende Betrag auch im Fall der Zusammenveranlagung jeweils getrennt zuzurechnen; die Zurechnung erfolgt im Verhältnis der nach Absatz 1 berücksichtigten Altersvorsorgebeiträge.[4]Werden Altersvorsorgebeiträge nach Absatz 3 Satz 2 berücksichtigt, die der nach § 79 Satz 2 zulageberechtigte Ehegatte zugunsten eines auf seinen Namen lautenden Vertrages geleistet hat, ist die hierauf entfallende Steuerermäßigung dem Vertrag zuzurechnen, zu dessen Gunsten die Altersvorsorgebeiträge geleistet wurden.[5]Die Übermittlung an die zentrale Stelle erfolgt unter Angabe der Vertragsnummer und der Identifikationsnummer (§ 139b der Abgabenordnung) sowie der Zulage- oder Versicherungsnummer nach § 147 des Sechsten Buches Sozialgesetzbuch.

(5) [1]Nach Maßgabe des § 93c der Abgabenordnung hat die mitteilungspflichtige Stelle bei Vorliegen einer Einwilligung nach Absatz 2a neben den nach § 93c Absatz 1 der Abgabenordnung erforderlichen Angaben auch die Höhe der im jeweiligen Beitragsjahr zu berücksichtigenden Altersvorsorgebeiträge an die zentrale Stelle zu übermitteln, und zwar unter Angabe

1. der Vertragsdaten,
2. des Datums der Einwilligung nach Absatz 2a sowie
3. der Zulage- oder der Versicherungsnummer nach § 147 des Sechsten Buches Sozialgesetzbuch.

[2]§ 10 Absatz 2a Satz 6 und § 22a Absatz 2 gelten entsprechend.[3]Die Übermittlung muss auch dann erfolgen, wenn im Fall der mittelbaren Zulageberechtigung keine Altersvorsorgebeiträge geleistet worden sind.[4]§ 72a Absatz 4 der Abgabenordnung findet keine Anwendung.[5]Die übrigen Voraussetzungen für den Sonderausgabenabzug nach den Absätzen 1 bis 3 werden im Wege der Datenerhebung und des automatisierten Datenabgleichs nach § 91 überprüft.[6]Erfolgt eine Datenübermittlung nach Satz 1 und wurde noch keine Zulagenummer (§ 90 Absatz 1 Satz 2) durch die zentrale Stelle oder keine Versicherungsnummer nach § 147 des Sechsten Buches Sozialgesetzbuch vergeben, gilt § 90 Absatz 1 Satz 2 und 3 entsprechend.

(6) [1]Für die Anwendung der Absätze 1 bis 5 stehen den in der inländischen gesetzlichen Rentenversicherung Pflichtversicherten nach Absatz 1 Satz 1 die Pflichtmitglieder in einem ausländischen gesetzlichen Alterssicherungssystem gleich, wenn diese Pflichtmitgliedschaft

1. mit einer Pflichtmitgliedschaft in einem inländischen Alterssicherungssystem nach Absatz 1 Satz 1 oder 3 vergleichbar ist und
2. vor dem 1. Januar 2010 begründet wurde.

[2]Für die Anwendung der Absätze 1 bis 5 stehen den Steuerpflichtigen nach Absatz 1 Satz 4 die Personen gleich,

1. die aus einem ausländischen gesetzlichen Alterssicherungssystem eine Leistung erhalten, die den in Absatz 1 Satz 4 genannten Leistungen vergleichbar ist,
2. die unmittelbar vor dem Bezug der entsprechenden Leistung nach Satz 1 oder Absatz 1 Satz 1 oder 3 begünstigt waren und
3. die noch nicht das 67. Lebensjahr vollendet haben.

[3]Als Altersvorsorgebeiträge (§ 82) sind bei den in Satz 1 oder 2 genannten Personen nur diejenigen Beiträge zu berücksichtigen, die vom Abzugsberechtigten zugunsten seines vor dem 1. Januar 2010 abgeschlossenen Vertrags geleistet wurden.[4]Endet die unbeschränkte Steuerpflicht eines Zulageberechtigten im Sinne des Satzes 1 oder 2 durch Aufgabe des inländischen Wohnsitzes oder gewöhnlichen Aufenthalts und wird die Person nicht nach § 1 Absatz 3 als unbeschränkt einkom-

mensteuerpflichtig behandelt, so gelten die §§ 93 und 94 entsprechend; § 95 Absatz 2 und 3 und § 99 Absatz 1 in der am 31. Dezember 2008 geltenden Fassung sind anzuwenden.

(7) Soweit nichts anderes bestimmt ist, sind die Regelungen des § 10a und des Abschnitts XI in der für das jeweilige Beitragsjahr geltenden Fassung anzuwenden.

§ 40b Pauschalierung der Lohnsteuer bei bestimmten Zukunftssicherungsleistungen

1. Der Arbeitgeber kann die Lohnsteuer von den Zuwendungen zum Aufbau einer nicht kapitalgedeckten betrieblichen Altersversorgung an eine Pensionskasse mit einem Pauschsteuersatz von 20 % der Zuwendungen erheben.

2. ¹Absatz 1 gilt nicht, soweit die zu besteuernden Zuwendungen des Arbeitgebers für den Arbeitnehmer 1752 € im Kalenderjahr übersteigen oder nicht aus seinem ersten Dienstverhältnis bezogen werden.²Sind mehrere Arbeitnehmer gemeinsam in der Pensionskasse versichert, so gilt als Zuwendung für den einzelnen Arbeitnehmer der Teilbetrag, der sich bei einer Aufteilung der gesamten Zuwendungen durch die Zahl der begünstigten Arbeitnehmer ergibt, wenn dieser Teilbetrag 1752 € nicht übersteigt; hierbei sind Arbeitnehmer, für die Zuwendungen von mehr als 2148 € im Kalenderjahr geleistet werden, nicht einzubeziehen.³Für Zuwendungen, die der Arbeitgeber für den Arbeitnehmer aus Anlass der Beendigung des Dienstverhältnisses erbracht hat, vervielfältigt sich der Betrag von 1752 € mit der Anzahl der Kalenderjahre, in denen das Dienstverhältnis des Arbeitnehmers zu dem Arbeitgeber bestanden hat; in diesem Fall ist Satz 2 nicht anzuwenden.⁴Der vervielfältigte Betrag vermindert sich um die nach Absatz 1 pauschal besteuerten Zuwendungen, die der Arbeitgeber in dem Kalenderjahr, in dem das Dienstverhältnis beendet wird, und in den sechs vorangegangenen Kalenderjahren erbracht hat.

3. Von den Beiträgen für eine Unfallversicherung des Arbeitnehmers kann der Arbeitgeber die Lohnsteuer mit einem Pauschsteuersatz von 20 % der Beiträge erheben, wenn mehrere Arbeitnehmer gemeinsam in einem Unfallversicherungsvertrag versichert sind und der Teilbetrag, der sich bei einer Aufteilung der gesamten Beiträge nach Abzug der Versicherungsteuer durch die Zahl der begünstigten Arbeitnehmer ergibt, 62 € im Kalenderjahr nicht übersteigt.

4. In den Fällen des § 19 Absatz 1 Satz 1 Nummer 3 Satz 2 hat der Arbeitgeber die Lohnsteuer mit einem Pauschsteuersatz in Höhe von 15 % der Sonderzahlungen zu erheben.

5. ¹§ 40 Absatz 3 ist anzuwenden.²Die Anwendung des § 40 Absatz 1

Allgemeines Gleichbehandlungsgesetz (AGG) – Auszug

Abschnitt 1 – Allgemeiner Teil

§ 1 Ziel des Gesetzes

Ziel des Gesetzes ist, Benachteiligungen aus Gründen der Rasse oder wegen der ethnischen Herkunft, des Geschlechts, der Religion oder Weltanschauung, einer Behinderung, des Alters oder der sexuellen Identität zu verhindern oder zu beseitigen.

§ 2 Anwendungsbereich

1. Benachteiligungen aus einem in § 1 genannten Grund sind nach Maßgabe dieses Gesetzes unzulässig in Bezug auf:
   1. die Bedingungen, einschließlich Auswahlkriterien und Einstellungsbedingungen, für den Zugang zu unselbstständiger und selbstständiger Erwerbstätigkeit, unabhängig von Tätigkeitsfeld und beruflicher Position, sowie für den beruflichen Aufstieg,
   2. die Beschäftigungs- und Arbeitsbedingungen einschließlich Arbeitsentgelt und Entlassungsbedingungen, insbesondere in individual- und kollektivrechtlichen Vereinbarungen und Maßnahmen bei der Durchführung und Beendigung eines Beschäftigungsverhältnisses sowie beim beruflichen Aufstieg,

   (…)

§ 3 Begriffsbestimmungen

1. Eine unmittelbare Benachteiligung liegt vor, wenn eine Person wegen eines in § 1 genannten Grundes eine weniger günstige Behandlung erfährt, als eine andere Person in einer vergleichbaren Situation erfährt, erfahren hat oder erfahren würde. Eine unmittelbare Benachteiligung wegen des Geschlechts liegt in Bezug auf § 2 Abs. 1 Nr. 1 bis 4 auch im Falle einer ungünstigeren Behandlung einer Frau wegen Schwangerschaft oder Mutterschaft vor. (…)

Abschnitt 2 – Schutz der Beschäftigten vor Benachteiligung

Unterabschnitt 1 – Verbot der Benachteiligung

§ 7 Benachteiligungsverbot

1. Beschäftigte dürfen nicht wegen eines in § 1 genannten Grundes benachteiligt werden; dies gilt auch, wenn die Person, die die Benachteiligung begeht, das Vorliegen eines in § 1 genannten Grundes bei der Benachteiligung nur annimmt.

2. Bestimmungen in Vereinbarungen, die gegen das Benachteiligungsverbot des Absatzes 1 verstoßen, sind unwirksam.

3. Eine Benachteiligung nach Absatz 1 durch Arbeitgeber oder Beschäftigte ist eine Verletzung vertraglicher Pflichten.

Unterabschnitt 3 – Rechte der Beschäftigten

§ 15 Entschädigung und Schadensersatz

1. Bei einem Verstoß gegen das Benachteiligungsverbot ist der Arbeitgeber verpflichtet, den hierdurch entstandenen Schaden zu ersetzen. Dies gilt nicht, wenn der Arbeitgeber die Pflichtverletzung nicht zu vertreten hat.

2. Wegen eines Schadens, der nicht Vermögensschaden ist, kann der oder die Beschäftigte eine angemessene Entschädigung in Geld verlangen. Die Entschädigung darf bei einer Nichteinstellung drei Monatsgehälter nicht übersteigen, wenn der oder die Beschäftigte auch bei benachteiligungsfreier Auswahl nicht eingestellt worden wäre.

3. Der Arbeitgeber ist bei der Anwendung kollektivrechtlicher Vereinbarungen nur dann zur Entschädigung verpflichtet, wenn er vorsätzlich oder grob fahrlässig handelt.

4. Ein Anspruch nach Absatz 1 oder 2 muss innerhalb einer Frist von zwei Monaten schriftlich geltend gemacht werden, es sei denn, die Tarifvertragsparteien haben etwas anderes vereinbart. Die Frist beginnt im Falle einer Bewerbung oder eines beruflichen Aufstiegs mit dem Zugang der Ablehnung und in den sonstigen Fällen einer Benachteiligung zu dem Zeitpunkt, in dem der oder die Beschäftigte von der Benachteiligung Kenntnis erlangt.

5. Im Übrigen bleiben Ansprüche gegen den Arbeitgeber, die sich aus anderen Rechtsvorschriften ergeben, unberührt.

6. Ein Verstoß des Arbeitgebers gegen das Benachteiligungsverbot des § 7 Abs. 1 begründet keinen Anspruch auf Begründung eines Beschäftigungsverhältnisses, Berufsausbildungsverhältnisses oder einen beruflichen Aufstieg, es sei denn, ein solcher ergibt sich aus einem anderen Rechtsgrund.

Betriebsverfassungsgesetz (BetrVG) – Auszug

Dritter Abschnitt – Soziale Angelegenheiten

§ 87 Mitbestimmungsrechte

1. Der Betriebsrat hat, soweit eine gesetzliche oder tarifliche Regelung nicht besteht, in folgenden Angelegenheiten mitzubestimmen:

1. Fragen der Ordnung des Betriebs und des Verhaltens der Arbeitnehmer im Betrieb;

2. Beginn und Ende der täglichen Arbeitszeit einschließlich der Pausen sowie Verteilung der Arbeitszeit auf die einzelnen Wochentage;

3. vorübergehende Verkürzung oder Verlängerung der betriebsüblichen Arbeitszeit;

4. Zeit, Ort und Art der Auszahlung der Arbeitsentgelte;

5. Aufstellung allgemeiner Urlaubsgrundsätze und des Urlaubsplans sowie die Festsetzung der zeitlichen Lage des Urlaubs für einzelne Arbeitnehmer, wenn zwischen dem Arbeitgeber und den beteiligten Arbeitnehmern kein Einverständnis erzielt wird;

6. Einführung und Anwendung von technischen Einrichtungen, die dazu bestimmt sind, das Verhalten oder die Leistung der Arbeitnehmer zu überwachen;

7. Regelungen über die Verhütung von Arbeitsunfällen und Berufskrankheiten sowie über den Gesundheitsschutz im Rahmen der gesetzlichen Vorschriften oder der Unfallverhütungsvorschriften;

8. Form, Ausgestaltung und Verwaltung von Sozialeinrichtungen, deren Wirkungsbereich auf den Betrieb, das Unternehmen oder den Konzern beschränkt ist;

9. Zuweisung und Kündigung von Wohnräumen, die den Arbeitnehmern mit Rücksicht auf das Bestehen eines Arbeitsverhältnisses vermietet werden, sowie die allgemeine Festlegung der Nutzungsbedingungen;

10. Fragen der betrieblichen Lohngestaltung, insbesondere die Aufstellung von Entlohnungsgrundsätzen und die Einführung und Anwendung von neuen Entlohnungsmethoden sowie deren Änderung;

11. Festsetzung der Akkord- und Prämiensätze und vergleichbarer leistungsbezogener Entgelte, einschließlich der Geldfaktoren;

12. Grundsätze über das betriebliche Vorschlagswesen;

13. Grundsätze über die Durchführung von Gruppenarbeit; Gruppenarbeit im Sinne dieser Vorschrift liegt vor, wenn im Rahmen des betrieblichen Arbeitsablaufs eine Gruppe von Arbeitnehmern eine ihr übertragene Gesamtaufgabe im Wesentlichen eigenverantwortlich erledigt.

2. Kommt eine Einigung über eine Angelegenheit nach Absatz 1 nicht zustande, so entscheidet die Einigungsstelle. Der Spruch der Einigungsstelle ersetzt die Einigung zwischen Arbeitgeber und Betriebsrat.

Sozialgesetzbuch (SGB) Fünftes Buch (IV) – Auszug

§ 229 Versorgungsbezüge als beitragspflichtige Einnahmen
(1) Als der Rente vergleichbare Einnahmen (Versorgungsbezüge) gelten, soweit sie wegen einer Einschränkung der Erwerbsfähigkeit oder zur Alters- oder Hinterbliebenenversorgung erzielt werden,

1. Versorgungsbezüge aus einem öffentlich-rechtlichen Dienstverhältnis oder aus einem Arbeitsverhältnis mit Anspruch auf Versorgung nach beamtenrechtlichen Vorschriften oder Grundsätzen; außer Betracht bleiben
   a. lediglich übergangsweise gewährte Bezüge,
   b. unfallbedingte Leistungen und Leistungen der Beschädigtenversorgung,
   c. bei einer Unfallversorgung ein Betrag von 20 vom Hundert des Zahlbetrags und
   d. bei einer erhöhten Unfallversorgung der Unterschiedsbetrag zum Zahlbetrag der Normalversorgung, mindestens 20 vom Hundert des Zahlbetrags der erhöhten Unfallversorgung,
2. Bezüge aus der Versorgung der Abgeordneten, Parlamentarischen Staatssekretäre und Minister,
3. Renten der Versicherungs- und Versorgungseinrichtungen, die für Angehörige bestimmter Berufe errichtet sind,
4. Renten und Landabgaberenten nach dem Gesetz über die Alterssicherung der Landwirte mit Ausnahme einer Übergangshilfe,
5. Renten der betrieblichen Altersversorgung einschließlich der Zusatzversorgung im öffentlichen Dienst und der hüttenknappschaftlichen Zusatzversorgung; außer Betracht bleiben Leistungen aus Altersvorsorgevermögen im Sinne des § 92 des Einkommensteuergesetzes. Satz 1 gilt auch, wenn Leistungen dieser Art aus dem Ausland oder von einer zwischenstaatlichen oder überstaatlichen Einrichtung bezogen werden. Tritt an die Stelle der Versorgungsbezüge eine nicht regelmäßig wiederkehrende Leistung oder ist eine solche Leistung vor Eintritt des Versicherungsfalls vereinbart oder zugesagt worden, gilt ein Einhundertzwanzigstel der Leistung als monatlicher Zahlbetrag der Versorgungsbezüge, längstens jedoch für einhundertzwanzig Monate.

(2) Für Nachzahlungen von Versorgungsbezügen gilt § 228 Abs. 2 entsprechend.

§ 248 Beitragssatz aus Versorgungsbezügen und Arbeitseinkommen

Bei Versicherungspflichtigen gilt für die Bemessung der Beiträge aus Versorgungsbezügen und Arbeitseinkommen der allgemeine Beitragssatz. Abweichend von Satz 1 gilt bei Versicherungspflichtigen für die Bemessung der Beiträge aus Versorgungsbezügen nach § 229 Abs. 1 Satz 1 Nr. 4 die Hälfte des allgemeinen Beitragssatzes. Veränderungen des Zusatzbeitragssatzes gelten für Versorgungsbezüge nach § 229 in den Fällen des § 256 Absatz 1 Satz 1 jeweils vom ersten Tag des zweiten auf die Veränderung folgenden Kalendermonats an.

Nützliche Internet-Links

Alle Verlinkungen und Verweise auf Webseiten wurden bei Redaktionsschluss (18. Juni 2018) sorgfältig überprüft und waren zu diesem Zeitpunkt aktuell und valide.

Für Veränderungen, die die Betreiber der angesteuerten Webseiten nach dem 18. Juni 2018 an ihren Inhalten vornehmen oder für mögliche Entfernungen solcher Inhalte übernehmen der Verlag und der Autor keinerlei Gewähr.

Zudem haben der Verlag und der Autor auf die Gestaltung und die Inhalte der gelinkten Seiten keinerlei Einfluss genommen und machen sich deren Inhalte nicht zu eigen.

Gesetze und Verordnungen

Gesetze im Internetwww.gesetze-im-internet.de.
Bundesministerium für Arbeit und Socialeswww.bmas.de.
Bundesministerium der Finanzenwww.bundesfinanzministerium.de. Bundesgesetzblätterwww.bgbl.de.

Aktuelle Rechtsprechung

Bundesarbeitsgerichtwww.bundesarbeitsgericht.de.
Urteilsdatenbanken zu fast allen Rechtsgebietenwww.kostenlose-urteile.de,www.urteilfinden.de.

Informationen zum Arbeitsrecht

www.arbeitsrecht.de.

Weiterführende Informationen

Deutsche Rentenversicherungwww.deutsche-rentenversicherung.de.

Rechner und weiterführende Informationen zur Rentewww.ihre-vorsorge.de. Bundesamt für Finanzdienstleistungsaufsichtwww.bafin.de.

Industrie-Pensions-Verein e. V.www.ipv.de.

Versicherungsjournalwww.versicherungsjournal.de.

Gesamtverband der Deutschen Versicherungswirtschaft e. V. (GDV)www.gdv.de.

Stichwortverzeichnis

© Springer Fachmedien Wiesbaden GmbH, ein Teil von Springer Nature 2020
R. Schwarz, *Betriebliche Altersvorsorge*,
https://doi.org/10.1007/978-3-658-30973-2

The manufacturer's authorised representative in the EU is Springer
Nature Customer Service Centre GmbH, Europaplatz 3, 69115 Heidelberg,
Germany. If you have any concerns regarding our products, please
contact ProductSafety@springernature.com

Printed and bound by CPI Group (UK) Ltd, Croydon, CR0 4YY
27/04/2026
02097851-0001